提昇國家運動實力
精鍊個人体能競技

創設菁英杰體育獎學金 誌慶

國際奧會
榮譽委員徐亨敬題

中山大学体育图史

Zhongshan Daxue Tiyu Tushi

李静波 编著

中山大学出版社
·广州·

版权所有　翻印必究

图书在版编目（CIP）数据

中山大学体育图史/李静波编著. —广州：中山大学出版社，2022.11

ISBN 978-7-306-07618-2

Ⅰ.①中… Ⅱ.①李… Ⅲ.①中山大学—体育运动史—史料 Ⅳ.①G812.9

中国版本图书馆 CIP 数据核字（2022）第 182980 号

出 版 人：	王天琪
策划编辑：	赵　婷
责任编辑：	赵　婷
封面设计：	曾　斌
责任校对：	王延红
责任技编：	靳晓虹
出版发行：	中山大学出版社
电　　话：	编辑部 020-84110283，84113349，84111997，84110779，84110776
	发行部 020-84111998，84111981，84111160
地　　址：	广州市新港西路 135 号
邮　　编：	510275　　传　真：020-84036565
网　　址：	http://www.zsup.com.cn　E-mail：zdcbs@mail.sysu.edu.cn
印 刷 者：	广州市友盛彩印有限公司
规　　格：	787mm×1092mm　1/16　17.5 印张　262 千字
版次印次：	2022 年 11 月第 1 版　2022 年 11 月第 1 次印刷
定　　价：	45.00 元

如发现本书因印装质量影响阅读，请与出版社发行部联系调换

内 容 简 介

本书通过挖掘、整理中山大学1924—2020年的体育历史图片，配以文字陈述，展示了中山大学百年的体育历史。这些历史体育图片显示了中山大学优良的体育传统、体育目标、体育制度、丰富的课余体育活动、辉煌的竞赛成绩、杰出的体育人物。中山大学的许多学生运动员参加了远东运动会，其中，田径选手黄英杰、足球选手黄纪良还参加了1936年柏林奥运会，作为中国奥运发展史的先驱而被载入史册。这些珍贵的历史记录对传承百年大学的优良传统、体育文化和精神有重要的意义。

本书由两编和附录组成。第一编约有170幅图片，主要展示了1924—1949年间，国立中山大学的体育场馆、体育制度、体育课程、体育传统项目、学生课余体育活动与运动竞赛；第二编约有190幅图片，主要展示了1949—2020年间中山大学的体育概况，其下细分为1949—1979年、1980—1999年、2000—2020年三个阶段；附录有三，分别为中山大学体育杰出人物、中山大学田径运动会纪录介绍，以及《广州市志（体育卫生志）》"大事记"之国立中山大学相关部分（1841—1949年）。

鸣　谢

　　本书作为《岭南大学体育图史》的姊妹篇，得到了2018年中山大学文化传承专项经费的资助；在借阅书刊、查询资料、提供图片等方面，得到了中山大学图书馆、档案馆、岭南学院图书馆及岭南校友会、体育部等学校有关部门领导、老师，以及中山大学有关教职工家属的积极协助。在此表示衷心的感谢！

　　2024年是中山大学的百年诞辰，谨以本书向中山大学百年诞辰献礼！

目 录

第一编 1924—1949 年

第一章 中山大学概况 ·· 2
- 第一节 门牌、校徽 ·· 3
- 第二节 创办人孙中山及其体育思想 ······························ 7
- 第三节 体育场馆 ·· 9

第二章 体育制度，提倡体育 ······································· 15
- 第一节 体育负责部门及体育要求 ································ 15
- 第二节 体育部及其沿革 ·· 17
- 第三节 体育师资 ·· 19
- 第四节 国立中山大学师范学院体育系 ·························· 21
- 第五节 体育费 ··· 23

第三章 体育课程，强健身心 ······································· 25
- 第一节 概论 ··· 25
- 第二节 体育考试规定和及格标准 ································ 28
- 第三节 军训 ··· 30

第四章 课外体育，健全体魄 ······································· 34
- 第一节 中大体育协会及其章程 ··································· 34
- 第二节 组织各种竞赛 ·· 37
- 第三节 国立中山大学运动大会 ··································· 39

第五章 体育项目，积健为雄 ······································· 52
- 第一节 田径 ··· 52

第二节	足球	61
第三节	排球	65
第四节	篮球	72
第五节	游泳	76
第六节	水球、划船	81
第七节	棒垒球	84
第八节	网球	88
第九节	乒乓球	92
第十节	武术	94

第六章 体育劲旅，名扬海外 …… 100
 第一节 参加广州市运动会 …… 100
 第二节 参加广东省运动会 …… 102
 第三节 参加华南区四校联合运动大会 …… 109
 第四节 参加全国运动会（1910—1948年） …… 113
 第五节 参加远东运动会（1925—1934年） …… 121
 第六节 参加柏林奥运会 …… 128

第二编　1949—2020年

第七章　火红年代，健康第一（1949—1979年） …… 134
 第一节 推广"劳卫制"，增强体质（1949—1959年） …… 135
 第二节 水上体育项目，南方特色（1960—1969年） …… 153
 第三节 劳动与军训，体育"达标"（1970—1979年） …… 159

第八章　改革开放，时代潮头（1980—1999年） …… 164
 第一节 四年不断线，体育上台阶（1980—1989年） …… 164
 第二节 教学、群体与竞赛出成果（1990—1999年） …… 196

第九章　发扬光大，不断前进（2000—2020年） …… 215
 第一节 体育课 …… 218
 第二节 课外体育活动 …… 223
 第三节 中山大学体育代表队 …… 227
 第四节 体育交流 …… 233

第五节　公共事业管理专业（体育）教育 ·················· 237
第六节　体育部教师 ··· 240

附　录

体育人物，杰出代表 ·· 244
中山大学田径运动会纪录 ······································ 264
《广州市志（体育卫生志）》"大事记"之国立中山大学相关部分
　（1841—1949年）················ 广州市体育运动委员会　267

第一编

1924—1949 年

第一章 中山大学概况

中山大学是由孙中山先生亲手创办，有近一百年办学历史的综合性重点大学。

1924年，孙中山先生将清末广州建立的学校中的国立广东高等师范学校、广东公立法科大学、广东公立农业专门学校进行整合，创办国立广东大学，任命邹鲁为首任校长。孙中山亲笔题写校训：博学、审问、慎思、明辨、笃行。孙中山先生逝世后，国立广东大学于1926年改名为国立中山大学。20世纪30年代，国立中山大学设有文、理、法、工、农、医、师范等7个学院，1935年设立研究院。1937年迁至云南澄江办学，1945年回迁至广州石牌。1952年全国高等学校院系调整，原中山大学的多个院系专业被分出，其中，文理科院系与私立岭南大学相关院系合并，组成新中山大学，校址迁至广州珠江南岸的康乐园；同时，原中山大学、私立岭南大学的医学院分出，组建了医科院校，后定名为中山医科大学。2001年，中山医科大学并入中山大学，中山大学成为一所包括人文科学、社会科学、自然科学、工学、医学、药学、经济学、管理学等学科的综合性大学。

中山大学有着深厚的历史渊源及学术传统，鲁迅、郭沫若、冯友兰、傅斯年、赵元任、俞平伯、王力、顾颉刚、周谷城、岑仲勉、陈心陶、姜立夫等蜚声海内外的专家学者都曾在此任教。2019年，中山大学设有65个院系、10所附属医院，有19个学科领域进入基本科学指标数据库（Essential Science Indicators，ESI）世界前1%，学校决算总收入超过百亿元人民币。中山大学师资力量雄厚，现有中国科学院院士16人（含双聘7人）、中国工程院院士5人（含双聘2人）；国家自然科学基金杰出青年科学基金获得者84人，国家自然科学基金优秀

中山大学概况

青年科学基金获得者86人，国家有突出贡献的中青年专家10人，享受政府特殊津贴专家105人，人社部"百千万人才工程"国家级人选33人，教育部跨/新世纪优秀人才支持计划168人，全国高校教学名师获得者10名，国家卫生计生突出贡献中青年专家9人。

中山大学坚持中国特色社会主义办学方向，以立德树人为根本，以"面向学术前沿、面向国家重大战略需求、面向国家和区域经济社会发展"为基本导向；树立了"三校区五校园"错位发展、合力支撑的发展思路，为建设成为"国内高校第一方阵、世界一流大学行列"的中国特色社会主义大学而努力！

第一节　门牌、校徽

建校初期，国立广东大学的校舍分布在四个地方：原国立广东高等师范学校的校址在广州市越秀区文明路，是国立广东大学的校本部（图1-1-1至图1-1-3）；原广东公立法科大学的校址在广州市越秀区法政路；原广东公立农业专门学校的校址在广州东郊，占地很大，后成为农学院及附属第一农场、白云山林场；医学院设在原广东公立医科大学（1925年7月合并）校园，有两所附属医院。

图1-1-1　国立广东大学文明路校园的主楼①

———

① 图片来源于易汉文主编《中山大学编年史（1924—2004）》，中山大学出版社2005年版，封内页。

图 1-1-2　1924 年，位于文明路的国立广东大学校门①

图 1-1-3　1924 年，位于文明路的国立广东大学的钟楼②

1925 年，国立广东大学在广州石牌开辟附属第二农场，后来在此建设石牌校园。石牌校园于 1933 年奠基建设，从 1934 年开始，教职人员和学生逐步入驻，一直使用到 1952 年。全国高等学校院系调整后，中山大学迁址康乐村，入驻原私立岭南大学校址。图 1-1-4

---

① 图片来源于谭惠全主编《百年广州》，线装书局 2006 年版，第 98 页。
② 图片来源于易汉文、崔秦睿、闫红丽编著《中山手创　巍巍上庠》，中山大学出版社 2015 年版，第 59 页。

中山大学概况

是20世纪30年代建造的石牌校园门牌；图1-1-5是中山大学20世纪50年代的门牌，是由原私立岭南大学的门牌改造而来的；图1-1-6则是2000年时，中山大学根据石牌校园门牌建造的新门牌。

图1-1-4　20世纪30年代建造的石牌校园门牌①

图1-1-5　20世纪50年代的中山大学北门门牌②

---

① 图片来源于易汉文主编《钟灵毓秀——国立中山大学石牌校园》，中山大学出版社2004年版，第17页。

② 图片来源于易汉文主编《中山大学编年史（1924—2004）》，中山大学出版社2005年版，封内页。

· 5 ·

图1-1-6 2000年新建的中山大学北门门牌

易汉文、崔秦睿、闫红丽编著的《中山手创 巍巍上庠》（中山大学出版社2015年版）中，收录了国立广东大学时期的学生证章（图1-1-7）、国立中山大学时期的教职员校章（图1-1-8）、国立中山大学时期的校徽和中山大学现行校徽（图1-1-9）以及20世纪八九十年代中山大学的校徽与校章（图1-1-10）的图片。

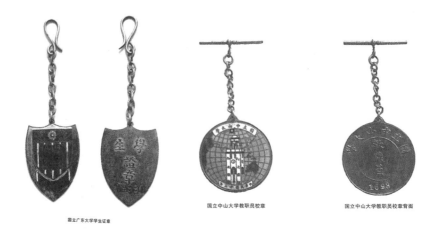

图1-1-7 国立广东大学时期的学生证章　　图1-1-8 国立中山大学时期的教职员校章

中山大学概况 第一章

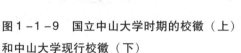

图1-1-9 国立中山大学时期的校徽（上）和中山大学现行校徽（下）

图1-1-10 20世纪八九十年代中山大学的校徽与校章

第二节 创办人孙中山及其体育思想

孙中山（1866—1925）出生于广东省香山县（今中山市）翠亨村，1886年在广州博济医院内设医学堂（中山大学中山医学院前身）学习，毕业后在澳门、广州行医。1894年上书李鸿章遭拒后，孙中山赴美国檀香山创立兴中会，提出"驱除鞑虏，恢复中国，创立合众政府"的主张。1905年，孙中山在日本东京成立中国同盟会，提出三民主义。1912年，孙中山在南京就任中华民国临时大总统。

在孙中山先生的一生中，教育和体育占有重要的地位，他视"教育为神圣事业，人才为立国之本"，认为"革命的基础在于高深的学问"。孙中山先生在《上李鸿章书》中，称"人能尽其才"为富强之大经、治国之大本，但是要做到人能尽其才，必须加强人才培养，而人才的培养则有赖于教育。1924年，孙中山在广州亲手创办了国立广东大学（今中山大学）和陆军军官学校（即黄埔军校）一

·7·

文一武两所学府,以国立广东大学培养革命和科学文化人才,以黄埔军官学校培养革命和军事人才。

日本维新运动时期形成的"强兵、强种、强国"思想对孙中山先生产生了很大的影响。他认为,"此剧烈竞争之时代,不知自卫之道,则不适于生存",而要国富兵强,体育"于强种保国有莫大之关系"。所以,孙中山先生在东京创立了青山军事学校、东京大森体育会,还派同盟会会员温靖侯、谢逸桥在广东梅县创办体育学堂,成立松口体育会,试图通过体育与军事培养革命人才。

孙中山先生的体育思想对中山大学的影响很大。其早年的体育思想"强国强种""尚武精神""欲图国力之坚强,必先图国民体力之发达"成为他复兴中华的理想之一,也影响着中山大学体育传统的形成。

图1-2-1和图1-2-是孙中山题词手迹。

图1-2-1 孙中山题词:强国强种

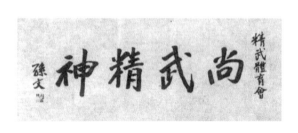

图1-2-2 孙中山题词:尚武精神

1924年6月9日,孙中山任命邹鲁为国立广东大学首任校长,还为国立广东大学题写了训词:"学海汪洋,毓仁作圣,大学毕业,此其发轫。植基既固,建业立名,登峰造极,有志竟成。为社会福,为邦家光,勖哉诸君,努力自强。"1924年11月11日,国立广东大学举行了隆重的成立典礼,孙中山手书国立广东大学成立训词"博学、审问、慎思、明辨、笃行"作为校训。

孙中山高度重视国立广东大学，1924—1925年，先后十几次亲临国立广东大学礼堂，演讲三民主义。孙中山逝世后，国民政府为了纪念中山先生，于1926年将国立广东大学改名为国立中山大学。

第三节　体育场馆

中山大学的体育场馆设施全面，能够承办省级运动会，运动成绩也很突出，体育综合实力很强劲。

一、文明路校园和石牌校园的体育场馆

文明路校园是原国立广东大学的校本部，也是文理科、师范学院、图书馆、附属学校所在地，大钟楼礼堂为其主要建筑物。文明路校园有雨操场（图1-3-1）两个，大门入口处还有一个拥有椭圆形跑道的大运动场，各种球场、体育馆、体育器械室、浴室悉备，广东省的几次运动大会均在此举行。①

图1-3-1　国立广东大学文明路校园的雨操场②

---

① 黄义祥编著：《中山大学史稿1924—1949》，中山大学出版社1999年版，第54页。
② 图片来源于中山大学档案馆编《孙中山与中山大学》，中山大学出版社1999年版，封面页。

国立中山大学在文明路校园承办了1926年的第十届广东省运动会和1928年的第十一届广东省运动会。《广东省志·体育志》关于第十一届广东省运动会的记载如下：

> 民国17年（1928年）11月1日至6日在广州中山大学运动场举行。大会会长李济深，副会长戴季陶、黄节。从本届起设"县联赛"和"省运会"两部分，共有28个单位2410人（其中省运会男运动员1421人、女运动员535人；县联赛男运动员346人，女运动员66人，公开比赛运动员42人）参赛。比赛项目增加了女子篮球。龙川县的叶培南10000米跑成绩优异（39′32″）。获球类冠军的是：女子垒球（真光中学）、女子网球（省立女子师范学校）、男子篮、排球（中山大学）、女子篮球（省女中）、男子足球（香港中华队）。

据《广东省志·体育志》记载，民国时期，广东高校中体育场馆设施较好的，要数私立岭南大学和国立中山大学，两校都有跑道周长500米的田径场，有篮球场和排球场，国立中山大学还有体育馆（图1-3-2），而广州大学只有两个篮球场。各高校课外体育活动很活跃，都组织起了各种项目的运动队，其中较有名气的有广州大学的棒球队、篮球队，私立岭南大学、国立中山大学的足球队，国民大学的篮球队，等等。①

1935年兴建的国立中山大学石牌校园修建了不少体育设施（图1-3-3），1935年9月12日《国立中山大学日报》第12版的《本校实施体育新计划》一文作了专门介绍：

> 场所设备：本校体育场所，新校方面，除原有篮球场四所，排球场两所，绒球场八所，器械厂，临时游泳池外，更从速完成

---

① 广东省地方史志编纂委员会编：《广东省志·体育志》，广东人民出版社2001年版，第93页。

田径场，健身室，体育馆，游泳池，足球场，射场等，以便应用。旧校方面，除原有球场外，更增建球场，及将雨操场改建，以为中学部同学应用，其余器械之缺乏者，也从速添置。

图1-3-2　国立中山大学石牌校园的体育馆[1]

图1-3-3　依山而建的国立中山大学石牌校园运动场[2]

---

[1] 图片来源于易汉文主编《钟灵毓秀——国立中山大学石牌校园》，中山大学出版社2004年版，第93页。

[2] 图片来源于易汉文主编《钟灵毓秀——国立中山大学石牌校园》，中山大学出版社2004年版，第92页。

二、康乐园的体育场馆

康乐园即今中山大学广州校区南校园,原为私立岭南大学校址。1952年全国高等学校院系调整后,中山大学迁址于此。康乐园西大球场(图1-3-4)的建设与抗日战争胜利有关,是历史的见证。据原私立岭南大学体育教师、中山大学体育部前主任郭刁萍说,西大球场主要是由日本战俘作为劳工兴建的。1945年,抗日战争胜利,私立岭南大学回迁原址,需要开辟新的体育场地,就由日本战俘以劳动赎罪,挑泥挖土,将一口大水塘填平,建成西大球场,供私立岭南大学的师生使用。

图1-3-4　西大球场一角（李静波　摄于2013年）

20世纪50—70年代,怀士堂(图1-3-5)曾作为室内体操房供教学和训练使用。其地下一楼为体育教研室、德育教研室,地面一楼是体操房,二楼是办公室。

20世纪80年代初,香港著名爱国企业家、中国人民政治协商会议全国委员会副主席霍英东先生捐赠巨资,为中山大学兴建了当时国内高校第一所现代化的体育场馆——英东体育中心。霍英东先生不仅出席了英东体育中心的奠基仪式,在体育中心建设期间,还专程前来考察建设情况。

1988年,英东体育中心(图1-3-6)建设完成,中山大学举办了隆重的揭幕仪式,并举行纪念比赛。其时,中山大学男子足球队

图1-3-5 曾作为室内体操房使用的怀士堂（李静波 摄于2021年）

与广东省女子足球队在英东体育中心田径（足球）场（图1-3-7）进行了一场比赛，霍英东先生为比赛开球，并与足球队合影。英东体育中心是当时国内大学中最先进的体育场馆，包括田径（足球）场、网球场、篮球与排球场、体育馆（图1-3-8）、游泳池（图1-3-9），也是教育部批准的第一个大学生体育训练基地。

图1-3-6 中山大学英东体育中心俯瞰①

---

① 图1-3-6至图1-3-9为中山大学体育部所藏。

图1-3-7 中山大学英东体育中心田径（足球）场

图1-3-8 中山大学英东体育中心体育馆

图1-3-9 中山大学英东体育中心游泳池

第二章 体育制度,提倡体育

第一节 体育负责部门及体育要求

国立中山大学很早就成立了体育委员会,负责学校的体育工作。1928年,《国立中山大学日报》介绍了体育委员会、体育部的组成及工作情况:①

> 本校体育,在高师及广大时代,设备简陋,学生亦少注意。自本校改为今称——中山大学。得戴朱俩校长极力提倡以来,组织设备,日有进展,而学生之注意体育,勤于运动,亦大有人在,虽未能达到普及之目的,然全校空气,充满[注重体育,锻炼身心]声浪矣。
> 主持本校体育行政及设计事宜者为体育委员会,委员凡七,由校长聘委邝嵩龄、郭颂棠、张云、钟柏祥、古底克、黄宪昭、高廷梓先生组织体育委员会,设主席一人,由全体委员推邝嵩龄先生任之,负责训练及管理之责者为体育部,设主任一人由校长委郭颂棠先生充之,设指导员二,韦泽生、赵性善、陈行诸先生是也。

如图2-1-1所示,《国立中山大学学生须知》第一章"训育大

---

① 《体育运动委员会》,载《国立中山大学日报》1928年11月27日,第4版。

纲"指出："对于德智体群美五育，力求发展，陶冶其固有道德，指授其生活技能，锻炼其强健体魄，养成其纪律习惯，发达其善美思想，务使道德智识，融贯于三民主义之下成伟大之人格，促国民革命之完成为宗旨。"①

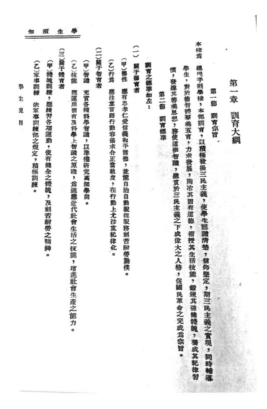

图2-1-1 《国立中山大学学生须知》第一章"训育大纲"

《国立中山大学现状》列出了对于学生的精神、体魄、食宿三方面的训练管理要求。

其中体魄方面：注重锻炼学生的健强体格，学习军事，以备

---

① 《训育大纲》，载《国立中山大学学生须知》，国立中山大学出版部1933年版，第87页。

为国效力。有健全体魄有健全精神然后能干健全事业。方今国难日亟,正枕戈待旦之秋,学生为社会中坚,更不能不有健全体魄,熟习军事,以为将来效命疆场之准备。邹校长有见及此,遂与体育军训两方面,积极提倡,并能锻炼体魄,宜注重于普通化,定立各级学生体育标准,及大学本科生毕业体育考试标准,严厉执行,非达到标准不能毕业,以期学生对于体育一科均有相当训练,体魄自渐增强。①

第二节 体育部及其沿革

从建校时起,中山大学的体育部就始终处于学校的部门序列。根据《国立广东大学组织系统表》,体育部由校长负责管理,与秘书处、会计处、医务处、童子军、军事教育部等职能部门并列。② 自1926年起,郭颂棠长期担任国立中山大学体育部主任。1927年,体育部与兵操股并列,成为军事训练部下属机构,军事训练委员会由校长管理。③ 1932—1935年,军事训练部、图书馆、出版部等职能部门受教务会议(教务处)管辖,教务会议由校长直接管理。④ 1941年,成立体育卫生组,归主管校长管理。1946年,国立中山大学的体育设施由师范学院体育系、训导处体育组(简称体育组系)共同管理。⑤

---

① 《学生之管理与训练》,载《国立中山大学现状》,国立中山大学出版部1935年版,第61~62页。
② 《组织系统表》(一),载《国立广东大学概览》,国立广东大学1924年版。
③ 《组织系统表》(二),载《国立中山大学现状》,国立中山大学出版部1935年版。
④ 《组织系统表》(三)(四),载《国立中山大学现状》,国立中山大学出版部1943年版。
⑤ 《国立中山大学三十五年度体育实施计划纲要》,1946年,第9~10页。广东省档案馆藏,档案号:020-004-229-009~018。

在梁山、李坚、张克谟主编的《中山大学校史1924—1949》（上海教育出版社1983年版）的附表中，收录了国立广东大学和国立中山大学的组织系统表，如图2-2-1和图2-2-2所示。

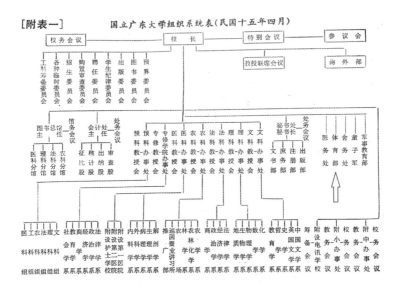

图2-2-1　1926年国立广东大学组织系统表

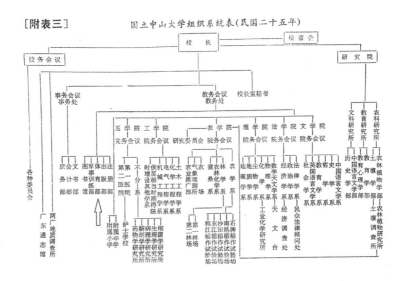

图2-2-2　1936年国立中山大学组织系统表

第三节　体育师资

1924 年的《国立广东大学概览》记载，国立广东大学的体育教员为 5 人。

1928 年的《国立中山大学职员一览表》中记载的体育部职员为 5 人，分别是：体育部主任郭颂棠，讲师，体育指导员；指导员赵善性，讲师；指导员韦泽生，讲师；指导员陈行；文牍员詹达朝（如图 2－3－1 所示）。

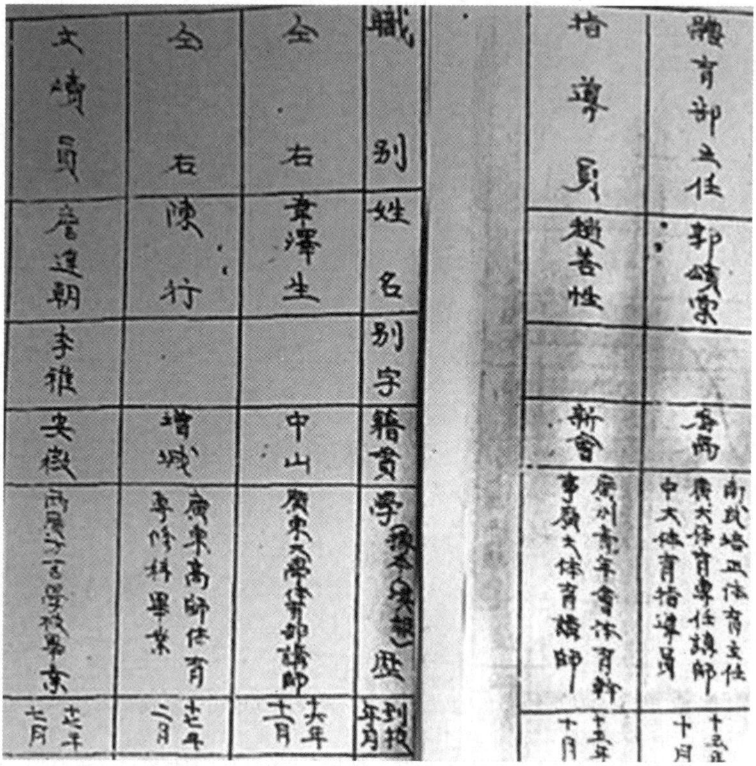

職別	姓名	別字	籍貫	學歷（[illegible]）	到校年月
體育部主任	郭頌棠		番禺	南武培正體育主任 廣大體育專任講師 中大體育指導員	十五年十月
指導員	趙善性		新會	廣州青年會體育幹事 廣大體育講師	十五年十月
仝右	韋澤生		中山	廣東大學體育部講師	十六年十一月
仝右	陳行		增城	廣東高師體育專修科畢業	十七年二月
文牘員	詹達朝	季雅	[illegible]	[illegible]學校畢業	十七年七月

图 2－3－1　体育部职员信息

1936年的《国立中山大学现状》记载：1927—1935年，体育部的职员人数在5～8人之间①。这8年间，国立中山大学体育部职员人数与学生人数的对比如表2-3-1所示。

表2-3-1　1927—1934年国立中山大学体育部职员与学生人数的对比

年　　度	1927	1928	1929	1930	1931	1932	1933	1934
体育部职员人数	6	5	—	—	5	6	7	6
学生人数（不含预科）	816	1059	1243	1587	1379	1770	2157	2274

1937年，国立中山大学体育部职员的工作安排如下：赵欢负责理学院，韦泽生负责农学院，黎连榲负责法学院，赵辉负责工学院，马元巨负责医学院，黄纪良负责文学院。② 这些教员多具有丰富的比赛经验，例如，黎连榲参加过远东运动会，黄纪良参加过1936年的柏林奥运会。

1945年的《国立中山大学体育部教职员名册》中，列有体育部11位教职员的职称、工资情况③：

  体育部主任、副教授兼指导员：赵善性，260元。
  副教授兼指导员：刘质若，250元；曹继辉，240元。
  体育讲师兼指导员：何云松，200元；郑衍苏，190元；初若稻，180元；王应杰，160元。
  体育助教兼指导员：杜汝检，130元；伍建瑶，130元。
  组员：马恒怡，90元。
  事务员：张雪颖，110元。

---

① 《历年度全校职员、学生人数统计表》，载《国立中山大学现状》，国立中山大学出版部1936年版，第34～35页。
② 《体育部派员主持各学院体育训练》，载《国立中山大学日报》1937年11月18日。
③ 《国立中山大学体育卫生组教职员名册》，1945年。广东省档案馆藏，档案号：020-003-122-027-013。

第四节　国立中山大学师范学院体育系

据《广东省志·体育志》第十章"体育人才培养"记载，国立中山大学师范学院于1945年秋冬创办体育系，次年1月开始招生，学制为五年，20世纪50年代后改为四年。课程设置分必修科（基础课和专业课）和选修课，均采用学分制；教学实习时间为一年。图2-4-1是位于石牌校园的国立中山大学师范学院教学楼。

图2-4-1　国立中山大学师范学院（含体育系）教学楼[①]

1945—1951年间，国立中山大学师范学院体育系共办了七届，招生人数为本科生128人、转学生7人、专科生28人，毕业生为本科生55人、专科生28人。1951年9月，该系合并到华南师范学院。图2-4-2是2018年11月27日《广州日报》刊登的1948年国立中

---

① 《师范学院》，载易汉文主编《钟灵毓秀——国立中山大学石牌校园》，中山大学出版社2004年版，第79页。

山大学师范学院体育系在石牌校园师范学院教学楼前拍摄的毕业照。

图2-4-2 1948年国立中山大学师范学院体育系毕业照

1945年，国立中山大学师范学院体育系的第一任系主任是曾留学英国的著名体育学者王学政，他主编有《健与力》杂志，出版的《体育原理》等体育著作有很大的影响力。1949年2月，著名学者、武汉大学体育教授兼体育组主任袁浚，调任国立中山大学师范学院体育系主任；1951年8月，袁浚出任刚刚成立的华南师范学院体育系主任，直至1966年退休。袁浚曾先后当选中华全国体育总会第一至四届委员会委员和广东省体育分会副主席。

国立中山大学师范学院体育系培养了大量的华南体育骨干，例如，全国人大代表、广东省体委主任魏振兰，广东省体委副主任曾昭胜，等等。竞技体育方面，中华人民共和国第一个代表国家出国比赛的女子长跑运动员梁田（图2-4-3），20世纪50年代初期国家女子篮球队队长李丹扬、队员彭家颐，中南地区女子篮球队的何冰、彭启明、

图2-4-3 1949年，梁田从国立中山大学师范学院体育系毕业时的学位照[①]

---

① 《梁田1949年毕业照》，载《广州日报》2018年11月27日。

李汀莹,等等,都是国立中山大学师范学院体育系的学生。

第五节 体育费

按国立中山大学的管理制度,学校要收取学杂费,其中就有体育费。1924年的《国立广东大学概览》中就记载了学校收取的学杂费。1926年的《国立广东大学概览》(图2-5-1、图2-5-2)列明文科学费50元、理工科学费40元、农科学费30元、医科学费70元,还有各种杂费,如图书费2元、学生会费2元、体育费2元、实习费4元、医药费1元、寄宿费10元、实验费1元、医科实习费15元,等等。① 1930年的《国立中山大学一览》中列出了学费、体育费等费用的收取标准,如图2-5-3所示。②

图2-5-1 《国立广东大学概览》(1926年)封面

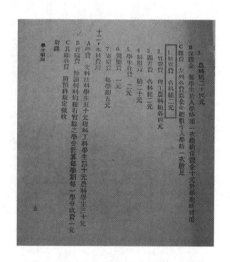

图2-5-2 《国立广东大学概览》(1926年)中关于体育费的记载

---

① 《学杂费》,载《国立广东大学概览》,国立广东大学1926年版,第5~9页。
② 《体育费》,载《国立中山大学一览》,国立中山大学1930年版,第295页。

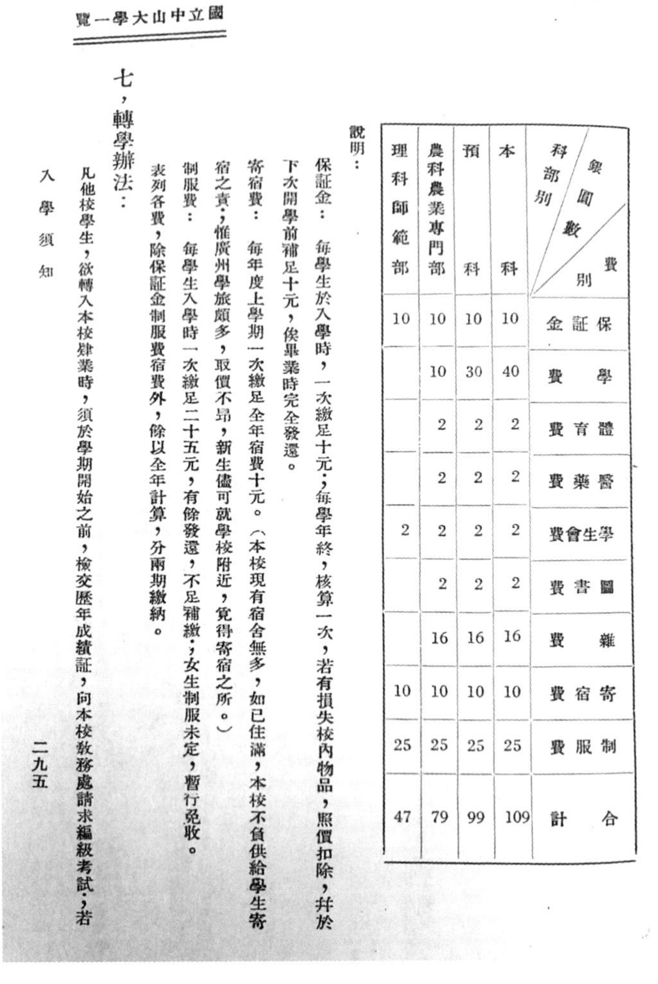

科別費別	本科	預科	農科農業專門部	理科師範部
保證金	10	10	10	10
學費	40	30	10	
體育費	2	2	2	
醫藥費	2	2	2	
學生會費	2	2	2	2
圖書費	2	2	2	
雜費	16	16	16	
寄宿費	10	10	10	10
制服費	25	25	25	25
合計	109	99	79	47

說明：

保證金：每學生於入學時，一次繳足十元；每學年終，核算一次，若有損失校內物品，照價扣除，并於下次開學前補足十元，俟畢業時完全發還。

寄宿費：每年度上學期一次繳足全年宿費十元。（本校現有宿舍無多，如已住滿，本校不負供給學生寄宿之責，惟廣州學旅甚多，取價不昂，新生儘可就學校附近，覓得寄宿之所。）

制服費：每生入學時一次繳足二十五元，有餘發還，不足補繳；女生制服未定，暫行免收。

表列各費，除保證金制服費宿費外，餘以全年計算，分兩期繳納。

七，轉學辦法：

入學須知

凡他校學生，欲轉入本校肄業時，須於學期開始之前，檢交歷年成績証，問本校教務處請求編級考試，若

二九五

图2-5-3 1930年《国立中山大学一览》中关于学杂费的记载

第三章 体育课程，强健身心

第一节 概论

据《广东省志·体育志》记载，清道光年间以及之前，广东各学堂的体育教育以武术为主。光绪十三年（1887），两广总督张之洞创办广东水陆师学堂，其中就有体操课的设置。1903年，清政府制定了《奏定学堂章程》（1904年公布施行，即"癸卯学制"），规定各级各类学堂开设"体操科"，教学内容分为普通体操和兵式体操（即军事体育），且"宜以兵式体操为主"；在学时安排方面，小学每周3学时，中学每周2学时，高等学校每周3学时。清末民初，两广大学堂（后改称"广东高等学堂"）、广东法政学堂（广东公立法科大学前身）等学校，除教授兵式体操外，还增加了哑铃、棍棒、武术、竞走、跳高、跳远等项目。20世纪20年代后，在五四运动的影响下，全国大学体育课最显著的变化是兵式体操被废止，将"体操科"改为体育课，但仍然保留了一定的军事教育内容，尤其是在抗日战争时期。其中，广东各高校体育课的教学内容主要为机巧运动（器械运动）、球类运动、竞技运动（田径运动）、拳术、游泳等。

1932年，国民政府公布了《国民体育实施方案》，规定体育课为必修科目，不及格者不得升学或毕业。国立中山大学规定一至四年级体育课均为必修科目，但不计学分。多数高校体育课教学内容以田径为主，还有球类（篮球、足球、排球、网球）、器械、武术、游泳等。部分高校体育课教学内容则根据任课教师的专长而定，如广州大学设乒乓球，国立中山大学、私立岭南大学设棒垒球。①

图3-1-1是1934年，国立中山大学的学生上体育课的情况，同学们队列整齐，运动服装一致，在练习体操中的双杠。

图3-1-1　1934年，国立中山大学的学生在练习双杠②

图3-1-2是1924—1926年，国立广东大学法政学院的法科政治学系本科课程表，从第一学年到第三学年，体育课都安排在教学计划中。

---

① 广东省地方史志编纂委员会编：《广东省志·体育志》，广东人民出版社2001年版，第92～93页。

② 图片来源于《国立中山大学十周年纪念特刊》，国立中山大学出版部1934年11月，第159页。

体育课程，强健身心

政治学系 第一学年			
必修科目	每周时数	选修科目（任选其一）	每周时数
政治学	3	外国经济史	4
政治学选读（外国文）	2	刑法总则	3
经济学	4		
宪法	4		
民法概论	3		
第二外国语	2		
体育	2		

政治学系 第二学年			
必修科目	每周时数	选修科目（任选其一）	每周时数
政治学选读（外国文）	2	经济政策	2
财政学（总论）	3	货币银行论	4
行政法总论	3		
政治思想史	4		
近代政治史	3		
第二外国语	2		
体育	2		

政治学系 第三学年			
必修科目	每周时数	选修科目（任选其二）	每周时数
政治学选读（外国文）	2	财政学各论	3
近代外交史	3	国际私法	2
社会学	2	市政论	2
国际公法	4	统计学	2
行政法各论	3		
体育	2		

图 3-1-2 国立广东大学时期的法科政治学系本科课程表①

图 3-1-3 是 1943 年，国立中山大学迁徙至云南澄江与粤北坪石办学时，法学院政治学系第一、二学年的课程表，体育课被安排在第一学年，不计学分。

第一学年					
必修科目	国文	外国文	中国通史	伦理学	生物学
每周授课时数	三	四	三	二	三
学分数	6	8	6	4	6
必修科目	总理遗教	体育	军训	政治学	社会学或经济学
每周授课时数	一			三	三
学分数				6	6
第二学年					
必修科目	民法概要	中国政府	各国政府及政治	国际公法	西洋通史	哲学概论或科学概论
每周授课时数	三	三	三	三	三	三
学分数	6	6	6	6	6	6
选修科目	行政学	边疆问题	西洋政治思想史	伦理学	总理学说	社会心理学	第二外国语
每周授课时数	二	三	上一下二	二	二	二	四
学分数	4	6	6	3	4	2	4
必修科目	中国国民训导时期约法	社会政策	户籍	政党论	国法学
每周授课时数	二	二	一	二	二
学分数	4	4	2	4	4

图 3-1-3 国立中山大学法学院政治学系第一、二学年课程表②

---

① 图片来源于张紧跟编《百年历程——1905—2005 中山大学的政治学与行政学》，中山大学出版社 2015 年版，第 35 页。

② 图片来源于张紧跟编《百年历程——1905—2005 中山大学的政治学与行政学》，中山大学出版社 2015 年版，第 122 页。

第二节　体育考试规定和及格标准

国立中山大学对体育考试有严格的规定，不及格者不能被授予学士学位证书。例如，国立中山大学出版部1935年重印的《国立中山大学一览》之"大学规程"第30条规定："各本科学生修满规定之学业受毕业考试后必须经下列三种考试及格方得领受学士证书：（一）三民主义考试（二）国学考试（三）体育考试。"如图3-2-1所示。《国立中山大学现状》也规定了国立中山大学学生的毕业规则，其中要求学生通过体育考试才能毕业。

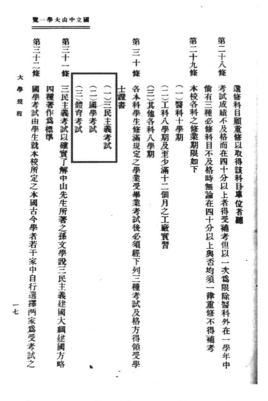

图3-2-1　《国立中山大学一览》中关于学生领受学士证书的要求

体育课程，强健身心

1933年的《国立中山大学概览》规定了本科生毕业考试中的体育考试规则及标准①：

学生依据"学生毕业考试体育规则及标准"的规定，须亲到体育部报名，选择开列各项运动的两项，请体育部派专员训练，然后进行考试。

男子三类：田赛、径赛、游泳，三类中选两类，每类选一项。

女子三类：游泳、径赛、射箭。三类中选两类，每类选一项。

凡有下列各种情形者得免体育考试：

A. 本校体育选手，经体育委员会认可者。
B. 身体有病，经本校校医证明及校长批准者。

由此可以看出，当时学生的体育考试可以选择的项目很多，规则及标准虽然严格，但有一定的选择性，也考虑到了因病免考的情况。

表3-2-1是中山大学体育部李静波老师整理的1933年国立中山大学本科生毕业体育考试标准。这些考试标准，即使是当今的大学生也不太容易通过。

---

① 《本科生体育考试标准》，载《国立中山大学概览》，国立中山大学1933年版，第305~306页。

表 3－2－1　国立中山大学本科生毕业体育考试标准（1933 年）

本科生毕业体育考试标准（男生）			本科生毕业体育考试标准（女生）		
大类	项目	及格标准	大类	项目	及格标准
田赛	掷铁球（12 磅）	7 米	游泳	30 码	不限时间、不论泳姿
	掷铁饼	14 米			
	标枪	20 米			
	三级跳远	8 米			
	持竿高跳	2 米			
	徒手高跳	1.1 米			
	跳远	4 米			
径赛	100 米	13 秒	径赛	100 米	16 秒
	200 米	30 秒			
	400 米	1 分 25 秒			
	800 米	3 分 40 秒			
	1500 米	7 分		200 米	38 秒
	10000 米	60 分			
	高栏	20 秒			
	低栏	35 秒			
游泳	50 码	不限时间、不论泳姿	射箭		以十寸圆周，距离一百尺，试射五次，以一次中为限

第三节　军训

1928 年，国民政府教育部、军委会训练总监联合发布通令，规定中等以上学校除设体育课外，另增加军事教育（军训）课，每课每周至少各安排 3 次。"九一八"事变后，全国高校纷纷组织军训练兵，抗日救国，军事体育课被列入学校教学内容。

体育课程，强健身心

国立中山大学体育部在不同时期多次与军事训练部合并，一起完成军事教学任务，其军训对象包括大学学生、附属中学的高中生和童子军。

在国立广东大学时期，《本校军事教育章程》明确指出军事教育的定位和意义[①]：

1）本军定名为国立广东大学军事教育部。

2）本军教育在陶冶一般学生之技能性格并贯注军事常识，以养成完全军国民之资格为宗旨。

3）凡本大学学生及附属中学高中以上学生须一律进行军事教育。

国立中山大学童子军的主要成员是附属小学的小学生和附属中学的初中生，他们利用各种时间接受军事教育训练，从小培养国防意识，其军事教育内容包括军事理论及实践、政治类课程。

1927年10月15日的《国立第一中山大学日报》第3版刊登了《国立第一中山大学童子军团部规程草案（三）》，其中的课程安排如下：

（一）初级

1）军事：结绳，旅行，卫生，徽章，记号，礼节，操法，号谱，童子军历史。

2）政治：三民主义浅说，孙总理革命史，帝国主义侵略史，国耻小史，国旗，誓词，规律，时事讨论。

（二）本级

1）军事：方位，救护，旗语，军步，举火，炊事，缝纫，洗浴，测量，礼仪，储蓄，军棍使用，单车。

---

① 《本校军事教育章程》，载《国立广东大学规程集》，国立广东大学秘书处出版部1926年版，第92页。

2）政治：中国国民党初步，中国国民党史大纲，不平等条约，国民党政策之研究，总理遗嘱释义，青年运动史，时事讨论。

（三）优级

1）军事：救护，旗语，游泳，制图，辨物，星象，测量，驾艇，消防，储蓄，马术，实习，海军实习，军事学大纲，初级训练，定用电学，领袖须知，童军组织法，童军训练法。

2）政治：孙文主义大纲，阶级分析，中国民族革命史大纲，各国革命史，建国方略，第一二次全国代表大会宣言解释，群众心理，儿童心理，青年心理，时事讨论。

图3-3-1、图3-3-2是《良友》杂志1928年第29期刊登的国立中山大学童子军的训练情况，分别是童子军领袖班的结绳比赛和单车通讯员的照片，说明国立中山大学重视对学生的军事技能训练，注重培养学生的军事常识，以达到实施军事教育的目标。

图3-3-1　国立中山大学童子军领袖班第二届结绳比赛

体育课程，强健身心 | 第三章

图3-3-2　国立中山大学童子军的单车通讯员

图3-3-3是1934年时，中山大学校领导在中山大学第四次运动大会上检阅军训生的照片，足可见中山大学对军事教育的重视。

图3-3-3　1934年，中山大学第四次运动大会，校领导检阅军训生①

---

① 《邹校长检阅军训生》，图片来源于《国立中山大学成立十周年新校落成纪念册》，国立中山大学出版部1934年版，第159页。

第四章　课外体育，健全体魄

第一节　中大体育协会及其章程

国立中山大学体育协会是学生自治组织，组织学生进行自我管理、自我训练，收取体育会费，有很大的自主权，经常组织校内的体育活动、体育竞赛。

1928年12月25日的《国立中山大学日报》第4版介绍了中大体育协会的章程及组织情况：①

> 第一条，本会定名为中大体育协会。
> 第二条，本会以锻炼体魄，增进健康，以养成充实强固民族为宗旨。
> 第三条，凡本校职员学生，不分性别，得会员二人之介绍，并遵章纳费者，得为本会会员。
> 第四条，本会经费收入分三项。（甲）基金。（乙）常费。（丙）特别捐。
> 第五条，本会组织，会员大会为最高机关。选出全体职员，组织常务会议，分理会内一切事物。其系统图如下：

---

① 《中大体育协会章程》，载《国立中山大学日报》1928年12月25日，第4版。

课外体育，健全体魄

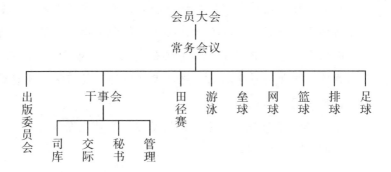

第六条，本会职员，任期半年，连选得连任。

第七条，每年9月开全体大会一次，选举下届职员，审核数目，讨论会务进展方法，必要时，得随时召集会员临时大会。

第八条，常务会议，每星期开一次，讨论会务进展。

第九条，本会会址，暂定在俄罗斯路"白院"。

第十条，本会章程，如有未尽善处，得随时召集大会修改之。

附：入会须知。

一，欲入会者，须得会员二人之介绍，到本会领取入会登记表，将姓名住址介绍人等依式填注，投交本会，俟提出常务委员会通过后，即由本会按址投函欢迎。

二，入会后，即须缴纳基金一元，并按月清缴常费二角。如积欠月费两月，则作退会论。

三，入会后，需遵守本会一切规则。如违开除会籍。

1929年3月12日的《国立中山大学日报》第4版介绍了中大体育协会选出第二届职员的情况，其工作分工、训练安排如下：①

(1) 中大体育协会全体会员大会，选举第二届职员，结果如下：

---

① 《体育协会职员分工》，载《国立中山大学日报》1929年3月12日，第4版。

足球主任黄炳坤，绒球主任符和云，排球主任李仲生，垒球主任何椿年，篮球主任黎连槤，游泳主任金宝椿，田径主任马元巨、陈琨年，管理陈煜年，秘书吴钦尧，交际郑建楠、廖言扬；司库黄覃，出版委员李本生、梁朝汇、伍行，丙丁队管理委员马元巨、黎连槤、陈昆年。

（2）各会员每晨六时半起出场练习，取消下午训练班。

（四）一周练习时间表如下：

星期	一	二	三	四	五	六	日
上午	田径	田径	田径	田径	田径	田径	足球（8时—9时）
	篮球	篮球（甲乙）	篮球（甲乙）	篮球	篮球	篮球	
下午	足球	排球	足球	垒球	篮球	绒球	绒球（甲乙）

中大体育协会会组织各种筹款比赛，例如，1931年，中大体育协会为建会筹款，特组织了一场足球邀请赛，由香港南华足球队对阵广州警察队，如图4-1-1所示。①

图4-1-1　1931年，香港南华足球队与广州警察队的合影

① 《香港南华足球队与广州警察队》，载《文华》1931年第22期，第14页。

课外体育，健全体魄

1932年11月1日，《国立中山大学日报》的《本校体育协会最近工作要讯》一文，介绍了中大体育协会将募款建会所的基金转赠东北抗日义勇军的情况：

> 该会于前年募款建会所，募得基金千余元，唯于银纸风潮影响，未能兴工建筑；现东北义勇军，需饷孔亟，特将基金毫洋千元汇沪托吴铁城市长转汇东北，以资接济，面示景仰义勇军精忠抗日之深意。

第二节 组织各种竞赛

国立中山大学非常重视体育，大学体育部组建了篮球、排球、足球、田径、乒乓球、网球、水球、游泳等项目的运动队，保持经常训练。院系、年级、班级之间，国立中山大学与外校之间，经常组织体育比赛（图4-2-1）。国立中山大学还举办体育训练班，项目有田径、国术、篮球、排球、水球等，目的在于培养体育骨干、推广体育运动。

1932年的《图画时报》刊登了国立中山大学女子排球队的照片（图4-2-2）②，说明国立中山大学的排球项目很受欢迎，有很大的影响力。

---

① 《本校院际篮球比赛第一次循环秩序表》，载《国立中山大学日报》1936年4月14日，第3版。

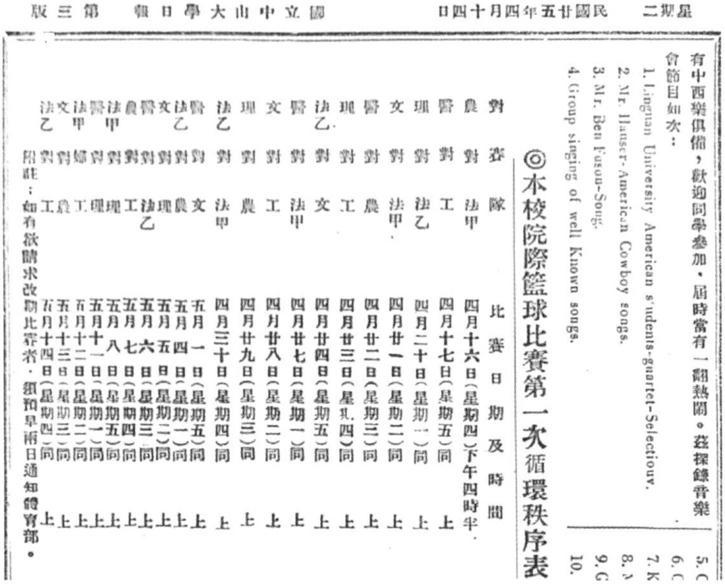

星期二　民國廿五年四月十四日　國立中山大學日報　第三版

有中西樂俱備，歡迎同學參加。屆時當有一翻熱鬧。茲探錄音樂會節目如次：

1. Lingnan University American students-quartet-Selectiouv.
2. Mr. Hauser-American Cowboy songs.
3. Mr. Ben Fusou-Song.
4. Group singing of well Known songs.

5. C
6. C
7. K
8. N
9. G
10.

◎本校院際籃球比賽第一次循環秩序表

對賽隊	比賽日期及時間
農對法甲	四月十六日（星期四）下午四時半
醫對工	四月十七日（星期五）同上
理對法乙	四月二十日（星期一）同上
文對法甲	四月廿一日（星期二）同上
醫對農	四月廿二日（星期三）同上
理對工	四月廿三日（星期四）同上
法乙對文	四月廿四日（星期五）同上
醫對法甲	四月廿七日（星期一）同上
文對工	四月廿八日（星期二）同上
理對農	四月廿九日（星期三）同上
法乙對法甲	四月三十日（星期四）同上
醫對文	五月一日（星期五）同上
法乙對農	五月四日（星期一）同上
文對理	五月五日（星期二）同上
醫對法乙	五月六日（星期三）同上
農對工	五月七日（星期四）同上
法甲對理	五月八日（星期五）同上
醫對理	五月十一日（星期一）同上
法甲對工	五月十二日（星期二）同上
文對農	五月十三日（星期三）同上
法乙對工	五月十四日（星期四）同上

附註：如有欲請求改期比賽者，須預早兩日通知體育部。

图 4－2－1　1936 年，《国立中山大学日报》刊登的院际篮球比赛赛程表①

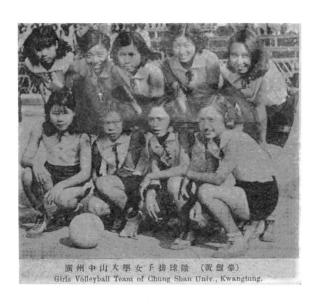

图 4－2－2　1932 年，《图画时报》刊登的国立中山大学女子排球队合影

① 《广州中山大学女子排球队》，载《图画时报》1932 年第 841 期，封面。

课外体育，健全体魄

第三节　国立中山大学运动大会

国立中山大学重视体育，经常举办校级运动会，形成了优良的体育传统，运动会也因此成为学校的重要活动。1932年，邹鲁第二次掌校，学校运动会筹备会制定的《国立中山大学第二次运动大会章程》确定了运动会的名称、宗旨等内容："第一条：本会定名为国立中山大学第二次运动大会。第二条：以发扬尚武精神，检阅体育成绩，促进各项运动技术为宗旨……"[1] 此后，学校运动会有了规范名称的第三、四、五次……1938年10月，广州沦陷，国立中山大学先后迁徙至云南澄江、广东韶关办学，其间运动会仍然举办。1940年8月13日，国立中山大学在韶关坪石举行了第十次运动大会[2]，仍然起着激励人心、鼓舞抗日的作用。

一、开幕式

国立中山大学将校级运动会办成综合性运动大会，开幕式很隆重，规模盛大，内容丰富，组织有序，有入场式、校长致辞、运动员宣誓、武术表演、军训表演等环节。

1932年11月29日，《国立中山大学日报》的《本校二全运会第一次会务会议纪》一文讲述了国立中山大学第二次运动大会的筹备过程。据载，学校召开了五次（筹备）会务会议，由教务处处长萧冠英统筹各部门的约12名工作人员，有文书部、交际部、评判部、布置部、庶务部、宣传部、救护部的负责人参加，研究运动会的日期、通知、名词、编订、运动项目、奖品、誓词、标语及各部计划等

---

[1]《本校第二次运动会筹委会昨开会议》，载《国立中山大学日报》1932年11月18日，第3版。

[2]《国立中山大学1940年度校历》，中山大学档案馆，档案号：020 - 002 - 0040 - 002。

等。这些都需要主办者的办赛经验,以及雄厚的体育基础和实力。

1933年第1卷第6期的《先导》杂志报道了国立中山大学第二次运动大会,如图4-3-1所示。按其文字说明,图中的八张照片分别是:学生军之阵容(上右)、高中女子排球队(上左)、高跳优胜者(中右)、文学院女子排球队(中中)、文学院全体队员(中左)、女子跳远优胜(下右)、校长邹鲁表演太极拳(下中)、全校运动员集合(下左)。

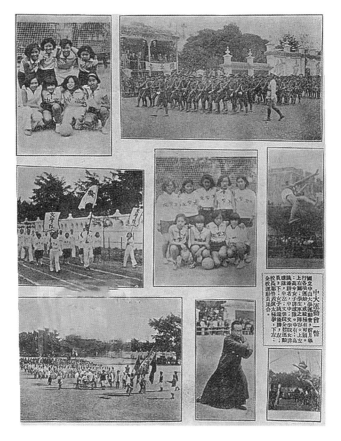

图4-3-1 《先导》杂志对国立中山大学第二次运动会的报道

1933年1月12日的《国立中山大学日报》第5版以《邹会长领导绕行会场一周情形》为题,报道了第二次运动大会的入场式(图4-3-2)。

图4-3-2 《国立中山大学日报》报道第二次运动大会入场式

1933年11月11—14日，国立中山大学建校九周年纪念大会、孙中山诞辰纪念、石牌校园奠基礼与第三次运动大会同时举行。

11日，国立中山大学师生3000余人乘坐广九火车、附属中学学生2000余人步行，抵达石牌校园，举行建校九周年纪念大会暨石牌校园奠基礼。出席典礼的还有校董陈济棠、林云陔以及来宾数千人。上午12时，来宾、师生共万余人在孙中山铜像前举行隆重典礼，天上还有3队共27架飞机表演，以为典礼致贺。[1]

12日，国立中山大学在校本部文明路校园的雨操场举行了第三次运动大会的开幕式，"参加员生数千人，飞机上下凌空表演庆礼盛典"。香港绅商140人组团来校参加开幕式，国立中山大学派出30余辆汽车迎接他们。中午，包括香港绅商在内的宾客由校长邹鲁带领，检阅800余名学生军。下午，香港绅商一行赴校长宴请，并参观了石

---

[1] 《本校成立九周年纪念大会盛纪》，《国立中山大学日报》1933年11月12日，第12版。

碑校园；晚上，赴广东省政府陈济棠总司令、林云陔主席举行的盛宴。①

13日的《国立中山大学日报》以19个版面的规格推出了《国立中山大学九周年纪念大会日刊》全面介绍盛况，各界政要为纪念大会题词，社会各界人士积极为运动大学捐赠奖品。

在国立中山大学第三次运动大会的各种仪式上，有校长致辞与嘉宾讲话，主题是提倡体育、抗日救国。如14日的闭幕礼上，邹鲁校长致辞，说参加比赛的运动员500余人，打破了9项校运会纪录和1项全国运动会纪录，故学生要养成良好体格，即可读书，即可救国。②

国立中山大学出版部1934年出版的《国立中山大学成立十周年新校落成纪念册》以《女子千人操》为题，报道了第四次运动大会开幕式上的学生女子千人操表演（图4-3-3）。

图4-3-3　国立中山大学第四次运动大会开幕式上的女子千人操表演

---

① 《总理诞辰暨全校三运会开幕典礼》，《国立中山大学日报》1933年11月13日，第12版。

② 《昨日举行运动会闭幕礼》，《国立中山大学日报》1933年11月15日，第2版。

二、运动员誓词、运动大会标语和开幕词

1932年12月30日的《国立中山大学日报》第8版以《运动会誓词标语》为题,刊载了国立中山大学第二次运动大会的运动员宣誓词和运动大会标语。其中,运动员宣誓词为:"余敬宣誓谨以业余资格,恪遵总理提倡体育之遗训及本会规程,参加运动已达强国强民之宗旨,此誓!"

运动大会的标语包括:"一,发扬体育为强种强国之基!二,不重体育,就是头等弱者!三,健全的精神,寓于健全的体魄!四,体育是却病延年的良药!五,欲取得第十次远东运动会的锦标,非急起直追不可!六,努力!努力!以求获取十二次全省运动会总锦标!七,全校员生一致到运动场去!八,锻炼我们的身体,从事于救国的工作!九,我们要赴国难,需有健全之体魄!十,全校的健儿们!起来!一致参加本校第二次运动大会!十一,要做现代的国民,须有尚武的精神!十二,我们应当一致努力誓雪东方病夫耻辱!"

1934年第582期的《礼拜六》以《国立中山大学第四次运动大会运动员代表宣誓》为题,报道了第四次运动大会开幕式上的运动员代表宣誓(图4-3-4)。

1937年3月27日的《国立中山大学第五次全校运动会特刊》第2版刊登了邹鲁校长在第五次运动大会上的开幕词:

> 个人无健全之体魄,则萎靡不振,国家无健全之民众,则民族沦于灭亡。是以体育之目的,匪独强健身心,锻炼体魄,实关系于整个社会国家民族之盛衰至大。吾国习尚文弱,致体育处处后人。全国体育之实施,至今尤未普遍,训练缺乏科学方法,体能日益衰落。此所以全国人士一致极力提倡民众施行国民体育训练,学校强迫运动,以期振奋体育精神,增进民族健康,转弱为强,复兴民族。本大学为唯一纪念总理最高学府,诸同学来此深造,须练就金刚坚固之身,方能肩负救国救民之重大责任。本校竭力提倡体育,训练日趋普遍,设备日臻完善,此次值春光明媚

之际，举行第五次全校运动大会。亦本斯旨。希我健儿，秉仁侠之精神，演矫捷之身手，公勇合作，各尽所长，则胜不足豪，败不足忧，振国魂，雪国耻，其有日矣！

图4-3-4　国立中山大学第四次运动大会上的运动员代表宣誓

国立中山大学与军方、政府首脑之间有着深厚的历史渊源，社会影响力非同一般，蒋介石等政府首脑就曾为国立中山大学的运动大会题词。例如，1933年11月21日的《国立中山大学日报》第1版就刊载了蒋介石、于右任为第三次运动大会题词（图4-3-5），11月28日的《国立中山大学日报》第2版则刊载了孙科为第三次运动大会题词（图4-3-6）。

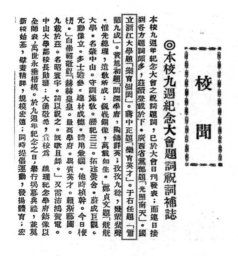 

图 4-3-5 蒋介石、于右任为国立中山大学第三次运动大会题词

图 4-3-6 孙科为国立中山大学第三次运动大会题词

三、运动会奖品

国立中山大学运动会的奖品多由社会各界人士赠送,有国民政府官员、银行行长、企业公司老板、大学校长、学院院长、医院院长、教授等,显示出国立中山大学深厚的社会背景以及与社会各界的友好关系。

1932年12月28日的《国立中山大学日报》第3版刊登了《本校二全运会各界赠送奖品三志》一文(图4-3-7):"查昨廿七日该会又收到奖品一大帮,计蔡廷锴将军送来大银鼎一座,颜'尚武精神'四字;国民革命军陆军第一军军长余汉谋先生送来银杯一座,颜'体育救国'四字;第二军军长香汉屏先生送来银杯一座,颜'努力救国'四字;第三军军长李扬敬先生送来银杯一座,颜'民族精神'四字……"

此外,为国立中山大学第二次运动大会赠送奖品的军界人士还有:国民革命军第一集团军总司令陈济棠赠送大银盾一座,题"体

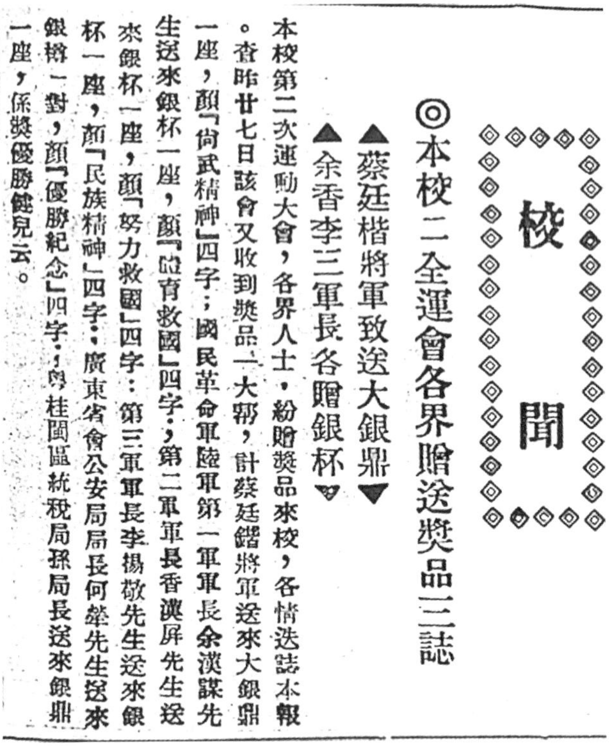

◎本校二全運會各界贈送獎品三誌

▲蔡廷楷將軍致送大銀鼎▼
▲余香李三軍長各贈銀杯▼

本校第二次運動大會，各界人士，紛贈獎品來校，各情迭誌本報。查昨廿七日該會又收到獎品一大郭，計蔡廷鍇將軍送來大銀鼎一座，顏"尚武精神"四字；國民革命軍陸軍第一軍軍長余漢謀先生送來銀杯一座，顏"努力救國"四字；第二軍軍長李香澳屏先生送來銀杯一座，顏"體育救國"四字；第三軍軍長李揚敬先生送來銀杯一座，顏"民族精神"四字；廣東省會公安局局長何犖先生送來銀鼎一座，顏"優勝紀念"四字；粵桂閩區統稅局孫局長送來銀橙一對，係獎優勝健兒云。

图 4-3-7　1932 年 12 月 28 日《国立中山大学日报》报道的社会各界所赠奖品明细

育之英"四字；第四集团军总司令李宗仁、前敌总指挥白崇禧赠送银鼎四座，分别题字"尚武精神""有勇方知""发扬卓绝""发奋图强"；海军司令张之英、李庆文赠送牙镶座镜子一面，题"争也君子"四字；空军司令黄光锐赠送银鼎一座，题"卓越发扬"四字。

又据 1933 年 1 月 5 日《国立中山大学日报》第 7 版《本校运动会各界赠送奖品七志》一文（图 4-3-8）载："……又查第四集团军总司令李宗仁白崇禧两先生，日前已送来大银鼎四座，昨四日复加送大银杯两座，题'百炼此身，自强不息'等字，又送来金质纪念章一百枚，分奖优胜健儿云。"

课外体育，健全体魄

图4-3-8　1933年1月5日《国立中山大学日报》报道的
社会各界所赠奖品明细

1933年11月13日的《国立中山大学九周年纪念大会日刊》第17版刊登了社会各界赠送给国立中山大学第三次运动大会的奖品，如图4-3-9所示。

图4-3-9　社会各界赠送给国立中山大学第三次运动大会的奖品明细

1937年3月27日的《国立中山大学第五次全校运动会特刊》第5版刊登了社会各界赠送给国立中山大学第五次运动大会的奖品，如图4-3-10所示。

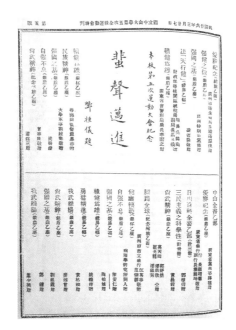

图4-3-10　社会各界赠送给国立中山大学第五次运动大会的奖品明细

四、比赛内容

国立中山大学运动大会的比赛内容非常丰富。例如，据1928年11月27日《国立中山大学日报》第4版的《本校体育概况》记载："自体育委员会成立以后，积极进行，一面扩充设备，一面设法引起学生对于体育之兴趣。同时体育部诸指导员，勤加训练，学生对于各种球类及田径赛等，莫不努力练习。迄于本年十月十日，举行全校运动会预选会，成绩颇佳。全省第十一次运动大会开幕，本校选手亦能聚精会神，获得团体优胜第二，诚本校空前未有之光荣也。"可见当时的校级运动会已经是综合性的运动会，有田径和球类等项目。

国立中山大学运动大会的比赛组织有序，兼顾不同学生的运动水平，学生运动员的运动成绩也很突出，多次打破全国纪录。例如在第二次运动大会上，黄英杰等学生运动员就打破了10项广东省纪录与6项全国纪录，显示出了强大的竞技实力。①

1933年2月11日的《国立中山大学日报》第2版刊登了《本校二运会破纪录表》，记载了黄英杰等学生运动员打破广东省纪录和全国纪录的详细信息，如表4-3-1所示。

表4-3-1 国立中山大学第二次运动大会破纪录表

性别	项目	获奖者	成绩	全省成绩	全国成绩	备注
男子	200米	黄英杰	23″2	23″4	22″8	破省纪录
	1500米	赵辉	4′08″	4′50″	4′26″8	破省纪录
	10000米	赵辉	37′12″	39′32″	35′36″	破省纪录
	铁饼	黄英杰	29.81米	28.14米	30.87米	破省纪录
	标枪	丘广燮	41.3米	37米	44.52米	破省纪录
	跳高	丘广燮	1.83米	1.66米	1.73米	破省纪录，破全国纪录
	跳远	黄英杰	6.38米	5.79米	6.255米	破省纪录，破全国纪录
	三级跳远	黄英杰	12.47米	12.41米	13.39米	破省纪录
女子	50米	李媛芬	7″2	7″6	7″4	破省纪录，破全国纪录
	跳远	李媛芬	4.73米	3.93米	4米	破省纪录，破全国纪录
	掷垒球	萧惠灵	41.5米	—	38.46米	破全国纪录
		马庆新	38.90米			破全国纪录

国立中山大学出版部1934年出版的《国立中山大学成立十周年新校落成纪念册》以《第四次校运会比赛》为题，报道了第四次运动大会的比赛场景，如图4-3-11、图4-3-12所示。

1935年第3卷第3～4期的《健康杂志》也对国立中山大学第四次运动大会进行了报道，其中记载了李媛芬以6″8的成绩打破女子50米赛跑全国纪录的情况，如图4-3-13所示。

---

① 《本校第二次运动大会纪要》，载《国立中山大学日报》1933年1月12日，第4版。

图4-3-11 国立中山大学第四次运动大会的比赛场景(一)

图4-3-12 国立中山大学第四次运动大会的比赛场景(二)

图 4-3-13 《健康杂志》对第四次运动大会的报道

可见，国立中山大学将校级运动会办成综合性运动会，内容丰富，组织有序，其组织方法至今仍值得借鉴，综合性运动会仍然是当今许多高校举办校级运动会的形式。

国立中山大学运动会规模盛大、仪式隆重，吸引地方党政军、工农、政府职员等社会各界人士积极参与，尤其是蒋介石等政府首脑的题词、三军将领捐赠的奖品，显示出国立中山大学强大的动员能力、与军政要人深厚的历史渊源以及非同一般的社会影响力。

国立中山大学的历次运动会皆成绩突出、效果显著，多个项目的成绩打破了全国纪录，带动了广州地区体育活动的发展。通过举办运动会，提倡"强国强种""尚武精神""抗日救国"，显示了国立中山大学的教育价值、体育精神、体育成就和组织动员能力。"练就金刚坚固之身，肩负救国救民之责任"就是抗日战争时期国立中山大学的体育精神，这些体育遗产值得继承和发扬。

第五章 体育项目，积健为雄

第一节 田径

国立中山大学成立后，积极倡导体育，在体育教学、课余训练、学校体育场馆建设等方面都取得了很好的成绩，在体育竞赛方面也成绩突出。国立中山大学的田径队是广州市、广东省的体育强队，运动员多次参加全国运动会、远东运动会，取得了比较好的成绩，农学系的学生黄英杰还参加了1936年柏林奥运会的田径比赛。

表5-1-1是根据《广东省志·体育志》《广州体育志》《国立中山大学日报》整理的国立中山大学参加远东运动会、柏林奥运会的田径运动员、教练员的名单。

表5-1-1 国立中山大学参加各类运动会的田径运动员、教练员名单

年 份	运动会名称	参赛项目	运 动 员	教 练 员
1925	第七届远东运动会	短跑	黄炳坤	—
1927	第八届远东运动会	短跑	黄炳坤、钟连基	赵善性
1934	第十届远东运动会	短跑	赵秉衡	—
1936	柏林奥运会	跨栏	黄英杰	郭颂棠

1925年第248期的《图画时报》刊登了田径名将黄炳坤的图片（图5-1-1）。黄炳坤是全能型运动员，在田径、足球、排球、篮球等方面都很有造诣，参加了1925年第七届远东运动会和1927年第八

届远东运动会的田径短跑比赛,入选了上海勤奋书局编译所1936年编的《全国田径名将录》《全国足球名将录》。1928年,黄炳坤进入国立中山大学英文系,代表国立中山大学参加第十一届广东省运动会的排球、篮球、足球比赛,获得排球第一、篮球第一、足球第四的成绩;1930年代表国立中山大学参加第四届全国运动会的排球、篮球、足球比赛,获得排球第一、足球第三的成绩。

图5-1-1 黄炳坤

1928年10月16日《国立中山大学日报》第3、4版的《全校运动大会之结束》一文,介绍了运动会的基本情况。这次在"双十节"举行的综合性运动会,比赛项目包括足球、排球、篮球、游泳、田径,"田径成绩破前纪录各项球术俱臻上乘",显示了学校的体育综合实力。据载,这次运动会各项成绩的第一名如下:

男子田径

50米:丁队,黄轩。

100米:甲队,陈煜年。乙队,柳金围。丙队,鲍砺。丁队,周仕。

200米:甲队,陈煜年。乙队,陈忠云。丙队,王裕阑。丁队,周仕。

400米:甲队,陈煜年。乙队,柳金围。丙队,王裕阑。

800米:陈煜年(不分队)。

高栏:甲队,黄炳坤、李青年、马元巨。

低栏:甲队,马元巨、许家维、欧文运。乙队,陈忠云。

1600米接力:甲队,符和云、梁定苑、黄覃、李青年。乙队,李本生、何椿年、陈忠云、陈昆年。

跳高:乙队,冯汉树。丙队,王裕阑。丁队,关赖明。

跳远:甲队,廖言扬。乙队,冯汉树。丙队,王裕阑。丁队，吴乃庚。

三级跳远：甲队，黄炳坤。乙队，冯汉树。

撑竿跳高：甲队，黄炳坤、马元巨。

铁球：甲队，马元巨。

掷矛：甲队，马元巨。

女子田径

50米：甲，张佩珍。乙，詹洁芳。丙，尹润英。丁，陈慧珍。

100米：甲，张佩珍。乙，詹洁芳。丙，尹润英。丁，陈慧珍。

200米：甲，张佩珍。乙，詹洁芳。丙，尹润英。丁，孔庆明。

立定跳远：甲，张佩珍。

球赛锦标

排球：中大体育协会（第二，附中）。篮球：中大体育协会。

网球：中大体育协会；双人，陈煜年、陈忠云；单人，符和云。

足球：教职员队：中大体育协会（未决赛）

1929年3月12日《国立中山大学日报》第4版的《学生体育协会工作安排》一文，介绍了中大体育协会的换届选举，以及田径队的训练安排，详见第四章第一节。

1930年第7期的《学校生活》刊登了获得第四届全国运动会200米第二名的钟连基的图片（图5-1-2）。钟连基是广东人，短跑运动员，入选《全国男子田径名将录》。1927年，钟连基参加第八届远东运动会100米比赛。1930年，钟连基参加了第九届远东运动

图5-1-2 钟连基

会的短跑比赛，还代表上海参加第四届全国运动会100米、200米比赛。1933年，钟连基作为国立中山大学的运动员，代表广东参加第五届全国运动会4×100米接力比赛，获冠军。

1932年第1卷第1期的《星洲画报》刊登了排球队队长丘广燮手捧广州华南男女排球赛奖杯"南洋杯"的图片（图5-1-3）。丘广燮，广东人，毕业于广州培英中学，后进入国立中山大学学习，他是一名全能型运动员，曾入选《全国田径名将录》。1932年，丘广燮是国立中山大学田径队、排球队、篮球队的队员，也是广州排球队之主力健将、华南男子排球队的主力运动员。1933年，丘广燮参加国立中山大学第二次运动大会的田径比赛，跳高项目以1.83米的成绩打破全国纪录，标枪项目以41.3米的成绩打破广东省纪录。1935年，转学复旦大学的丘广燮代表上海，在第六届全国运动会上获得田径跳高冠军（1.77米）、排球冠军。丘广燮曾参加第九届、第十届远东运动会的排球比赛。

图5-1-3 丘广燮

1933年2月出版的《全国运动会图画专刊》（良友图书印刷有限公司出版）报道了第五届全国运动会。其中，代表广东队参赛的国立中山大学运动员赵云珊（图5-1-4）以6″9的成绩获得50米跑第一名，以13″5的成绩获得100米跑第二名，同时打破全国纪录。赵云珊是著名的女子短跑名将，入选了上海勤奋书局编译所1936年编的《全国女子田径名将录》。广东队以44″4的成绩，获得4×100米接力赛的冠军，图5-1-5右起分别是钟连基（国立中山大学）、余瑞阳、保培根、赵秉衡（国立中山大学）。

图5-1-4 赵云珊

图 5-1-5　第五届全国运动会 4×100 米接力赛冠军广东队

1933 年第 9 卷第 13 期的《摄影画报》刊登了广州市第四次环市跑第一名、国立中山大学学生赵辉的图片（图 5-1-6），这是他第三次获得广州市环市跑的冠军。赵辉，广东人，著名中长跑运动员，入选《全国男子田径名将录》。赵辉曾在广州师范学校就读，1930 年参加第四届全国运动会，同年获得广州市第一次环市跑冠军，1932 年获得广州市第三次环市跑冠军。1932 年，赵辉进入国立中山大学田径队，代表国立中山大学蓝白队与广东体育专科学校的白虎队进行田径对抗赛，参加 1500 米跑。1933 年，在香港举办的华南四大学联合运动会上，赵辉获得 1500 米跑、1 万米跑的冠

图 5-1-6　赵辉

军；同年，赵辉参加国立中山大学第二次运动大会，1500 米跑以 4′08″的成绩打破广东省纪录，1 万米跑以 37′12″的成绩打破广东省纪录。1934 年，赵辉代表国立中山大学参加广州市运动会，获得 1500 米跑冠军、4×400 米接力跑冠军（赵辉、黄纪良、陈福添、詹殆基）；同年，获得广州市第五次环市跑冠军，《国立中山大学日报》（1934 年 3 月 17 日第 2 版）以《校嘉奖环市赛跑长胜冠军》为题予以介绍："本校文学院社会学系二年级同学赵辉君，连年四获环市长跑冠军。邹校长日前经准，在学校体育保管费项下拨支五十元，定制纪念品，奖励赵君。赵同学恳请，家境困难，在学校奖励内，免缴学

杂费。学校批准赵辉免学费一年,并请省府照案奖励三百元。"1935年,赵辉代表国立中山大学参加第十三届广东省运动会,以4′38″的成绩获得1500米跑冠军,以3′42″的成绩获得4×400米接力跑冠军(赵辉、陈福添、詹殆基、韩英光),并打破省纪录;同年,参加第六届全国运动会4×400米接力跑比赛,获第三名。

1935年的《全国运动会图画专刊》(良友图书印刷有限公司出版)报道了第六届全国运动会,刊登了100米跑前三名的合影(图5-1-7),左起依次为刘长春(参加了1932年洛杉矶奥运会的中国奥运第一人)、傅金城、赵秉衡(国立中山大学);同刊刊登了110米栏前三名的合影(图5-1-8),左起依次为林绍周、黄英杰(国立中山大学)、柳英俊。

图5-1-7 第六届全国运动会100米跑前三名合影

图5-1-8 第六届全国运动会110米栏前三名合影

1935年第19期的《大众画报》刊登了第十三届广东省运动会男甲4×100米接力跑冠军国立中山大学队的图片(图5-1-9),国立中山大学队的赵秉衡、黄英杰、黄纪良、傅佳桂(从右到左)以45″7的成绩获得冠军。

图 5-1-9　第十三届广东省运动会男甲 4×100 米接力跑冠军国立中山大学队

上海勤奋书局编译所 1936 年出版的《全国女子田径名将录》介绍了国立中山大学的学生运动员李媛芬（图 5-1-10）和张洁琼（图 5-1-11）。李媛芬是广东著名跳远、短跑女子运动员，在 1933 年的第五届全国运动会上获得女子跳远第一名，并以 4.79 米的成绩打破全国纪录，后又以 5.04 米的成绩再次打破全国纪录。张洁琼是广东女子短跑名将，在第五届全国运动会上获得女子 50 米短跑冠军，并以 6″9 的成绩打破全国运动会纪录。

图 5-1-10　李媛芬

图 5-1-11　张洁琼

体育项目，积健为雄

上海勤奋书局编译所1936年出版的《全国男子田径名将录》介绍了田径名将、国立中山大学的学生运动员赵秉衡（图5-1-12）。赵秉衡，又名式沂，广东人，短跑运动员。1933年，赵秉衡参加第五届全国运动会，与队友以44″4的成绩获得4×100米接力跑冠军。1934年，赵秉衡代表国立中山大学参加广州市运动会，获得100米跑冠军；同年参加第十届远东运动会，100米跑成绩为10″9。1935年，赵秉衡代表国立中山大学参加第十三届广东省运动会，获得100米跑冠军（11″）、200米跑第三名，同时以45″7的成绩获得4×

图5-1-12 赵秉衡

100米接力跑冠军，打破广东省纪录；同年参加第六届全国运动会，获100米跑第三名。1936年，赵秉衡参加了柏林奥运会中国田径队预选赛。

1936年第2卷第2期的《体育季刊》刊登了参加柏林奥运会的中国田径代表黄英杰（图5-1-13）等运动员的图片。黄英杰，广东台山人，入选《全国男子田径名将录》。黄英杰16岁考入台山师范学校，1932年在台山县第五届运动会上夺得田径五项全能冠军。1933年，黄英杰在第十二届广东省运动会上获得男子甲组跳远亚军；同年，他代表广东省参加第五届全国运动会，获得男子110米栏和五项全能的第三名。1935年，黄英杰进入国立中山大学农学系，并在当年的第十三届广东省运动会上以2895分的成绩获得男子甲组五项全能的冠军，打破了广东省纪录；同年10月，他参加在上海举行的第六届全国运动会，获得男子110米栏和五项全能的亚军。黄英杰在排球方面成绩也很突出，曾代表中国排球队参加1934年的第十届远东运动会排球赛，获亚军。1936年，黄英杰通过柏林奥运会的中国田径选拔赛，进入国家队，以15″7的成绩打破了由他自己保持的110米栏全国纪录（16″）。

· 59 ·

图 5-1-13　参加柏林奥运会的中国田径代表，三排右一为黄英杰

1937 年第 129 期《良友》刊登了获得第十四届广东省运动会女子 200 米接力跑冠军的国立中山大学队的图片，图 5-1-14 中从右到左分别是张洁琼、邓本洁、司徒艳、赵云珊，她们以 27″1 的成绩打破了该项目的远东纪录（27″6）。

图 5-1-14　打破女子 200 米接力跑远东纪录的国立中山大学女队

体育项目，积健为雄

第二节　足球

据《广东省志·体育志》记载，清咸丰、同治年间（19世纪60年代前后），现代足球运动传入香港，其传入广东的时间当在光绪朝后期。广东的一些教会学校率先出现足球运动，如长乐县（今梅州市五华县）的元坑中书馆、广州的培英书院和格致书院，嘉应州（今梅州市）的务本学堂和中西学堂等。

足球运动在国立中山大学很早就开始普及，有很好的群众基础。国立中山大学足球队的竞技水平很高，明星荟萃，是广东省足球强队，曾获得1928年第十一届广东省运动会第四名（队员有李飞、冯汉树、廖言扬、黎连楹、陈煜年、陈坤年、黄炳坤、柳金围、符和云、陈忠云、许家维、梁福泰）、1935年第十三届广东省运动会亚军、1937年第十四届广东省运动会亚军。国立中山大学足球队的许多队员曾参加全国运动会足球比赛。1934年，黄纪良（守门员）入选中国足球队，参加第十届远东运动会。1936年，黄纪良参加在德国柏林举办的第11届奥运会足球比赛。1945年，国立中山大学附属中学举办了女子足球班际赛，开南粤女子足球运动之先河。

1928年4月12日，《国立中山大学日报》第4版的《一片足球酣战声》一文，介绍了国立中山大学足球队在学校与香港圣心足球队（含参加远东运动会的球员）比赛的情况，负二球；14日，国立中山大学足球队迎战香港怡和足球队，3∶1获胜。

国立中山大学还有教职员足球队，《国立中山大学日报》曾刊载其组队情况[1]：

---

[1]《教职员足球队开始训练》，载《国立中山大学日报》1928年11月21日，第2版。

教职员足球队开始训练

　　本校教职员组织足球队一事，经志前报，该队队员现已开始实行训练，昨（星期一）下午四时，并与学生足球队共同练习，查其队员多为球场宿将，奈因久未训练，致气力与球术未免稍差，故其结果成为一与二之比，虽未获胜，然其奋勇精神，殊堪钦佩也。

1929年3月12日的《国立中山大学日报》第4版刊载了中大体育协会的工作安排，其中就有足球项目的训练时间表，详见第四章第一节。

　　良友图书印刷有限公司1930年4月出版的第四届《全国运动会图画专刊》刊登了获得第三名的广东足球队的图片，国立中山大学的学生运动员黄炳坤、许佳维、梁福泰、庄甲民、冯汉树、莫公璧正是广东足球队的成员（图5-2-1）。

图5-2-1　国立中山大学有六人入选广东足球队，参加第四届全国运动会

1930年6月2日《国立中山大学日报》第3版的《本校队与香港星武队今日比赛足球》一文，报道了国立中山大学足球队即将与香港星武队比赛的信息，并列出了国立中山大学足球队的上场名单：

柳金围、陈其传、黄炳坤、李飞、许家维、莫公璧、庄甲民、陈昆年、杨燊基、冯汉树、何椿年、王裕阑、潘福祥。

1931年3月24日《国立中山大学日报》第3版的《本校足球队荣夺马来杯》一文，介绍了国立中山大学足球队与私立岭南大学足球队的比赛：

> 看我校与南大竞争马来杯，时钟仅报二下，警教场南面北面两座看台，已坐了不少观众，三时半，四座看台已无插足地，在平面上，亦砌好了六七八层人墙，记者屈指一算，作不大精确的统计，球迷当在八千有余。

良友图书印刷有限公司1933年2月出版的第五届《全国运动会图画专刊》刊登了获得足球比赛亚军的广东男子足球队的图片（图5-2-2），其中，黄纪良、朱国伦是国立中山大学的学生。

图5-2-2　广东男子足球队获得第五届全国运动会足球比赛亚军

良友图书印刷有限公司1934年出版的《第十届远东运动会特刊》刊登了第十届远东运动会足球冠军中国足球队的图片（图5-2-3），其中，黄纪良是国立中山大学的学生，徐亨是私立岭南大学的学生。参加第十届远东运动会的中国足球队成员名单如下：

领队：黄家骏

守门员：黄纪良，徐亨

后卫：李天生，刘茂，李甯

中场：梁荣照，黄美顺，李国威，何佐贤，陈镇祥

前锋：谭江柏，冯景祥，郑季良，叶北华，曹桂成，陈家球，李惠堂（队长）

图 5-2-3 参加第十届远东运动会的中国足球队合影

1934 年第 8 期的《大众画报》也刊登了获得第十届远东运动会足球冠军的中国足球队的队员图片（图 5-2-4），第一排右一就是黄纪良。

图 5-2-4 获得第十届远东运动会足球冠军的中国足球队健将小影

上海勤奋书局1936年出版的《全国足球名将录》介绍了著名足球运动员、国立中山大学英文系学生黄纪良（图5-2-5），还美其名曰"美髯公"。

图5-2-5　美髯公黄纪良

第三节　排球

《中国体育史》中提到："排球最早在中国称为'队球'或'抵球'，1905年在广州、香港等一些学校开始开展。1908年以后，青年会北美协会派加拿大人柯克乐（Crcoker）到上海，他开辟了运动场地，并在运动会开幕式上组织过两场排球赛……"[①]

---

① 谷世权编著：《中国体育史》，北京体育大学出版社1997年版，第198页。

《广东省志·体育志》记载，1913年2月，广州几个学生随中国代表团到菲律宾参加首届远东运动会。他们原是田径或足球选手，应东道主的邀请，临时凑成一支12人的排球队（按当时的规则应为16人一队，但不足16人时，人数对等也可进行比赛），与菲律宾队进行表演赛。尽管他们在场上头顶脚踹，闹了不少笑话，但也由此开始接触排球，对排球的打法和规则有了初步认识。

1914年，广州基督教青年会与广州教育会联合举办了"广州秋季华利波（'排球'的英语volleyball的粤语音译）联赛"，在位于今教育路的球场进行比赛。参加比赛的有培英学堂、培正学堂、南武公学和国立广东高等师范学校等校队。南武公学、培英学堂、培正学堂、岭南学堂等几所学校的排球运动开展得比较好，特别是培英学堂、培正学堂，以后成为全国的排球传统学校，培英学堂更有"排球少林寺"之称。

排球运动在国立中山大学有着相当辉煌的历史，开展时间早，群众基础好，竞技实力强。国立中山大学排球队是广东省的排球强队，如在第十二届广东省运动会上，就获得男子、女子团体排球冠军。国立中山大学的许多排球运动员参加了远东运动会，为中国排球在远东运动会上的良好成绩作出了贡献。

1926年12月1日《国立中山大学校报会刊》第1期的《本校球队战胜岭南》一文，介绍了与私立岭南大学进行排球比赛的情况：

> 十一月二十七日本校甲组与岭南队比赛，结果第一局为二十一对十七本校胜，我校队员已经获得优势，精神更为团结，故第二局又以二十一对十六而获全胜云。

1927年11月2日《国立第一中山大学日报》第3版的《体育部规定本周练习时间》一文，公布了排球、篮球、足球等项目的练习时间：

> 星期一四时，往执信比赛排球

星期二下午二时半，练习垒球

星期三下午三时半，练习篮球

星期四下午三时半，练习足球或往岭南比赛

星期五下午三时半，练习排球

星期六下午二时，与日本队比赛垒球

体育消息。排球比赛第一声

昨日本校排球队应执信排球队之约，到该校作友谊比赛。是日下午三时半，由体育指导员赵善性、韦泽生领队出发。四时开始比赛，结果第一局二十一对二十，本校胜；第二局二十一对十五，本校复胜利云。

1928年11月26日的《国立中山大学日报》第6版以"体育特刊"的形式，刊登了国立中山大学排球队获得第十一届广东省运动会排球冠军的图片（图5-3-1）。

图5-3-1 国立中山大学排球队获得第十一届广东省运动会排球冠军

良友图书印刷有限公司1930年4月出版的第四届《全国运动会图画专刊》刊登了广东排球队获得第四届全国运动会男子排球冠军的图片（图5-3-2），队员中就有国立中山大学的学生运动员朱祖成、伍永钦、马元巨、李福申、梁朝汇。

图5-3-2 获得第四届全国运动会男子排球冠军的广东排球队

图5-3-3是获得1930年第九届远东运动会排球冠军的中国排球队的合影，其中来自国立中山大学的队员有黎连槛、李福申、朱祖成、伍永钦、丘广燮。

图5-3-3 获得第九届远东运动会排球冠军的中国排球队①

1930年6月12日《国立中山大学日报》第4版的《第九届远东运动大会获得排球锦标，本校选手昨日返校》一文，刊载了参加第九届远东运动会排球赛的国立中山大学选手返校的情况：

---

① 图片来源于广东省地方史志编纂委员会编《广东省志·体育志》，广东人民出版社2001年版，第791页。

本校排球选手黎连楹，李福申，黄炳坤，朱祖成，梁朝汇，马元巨，游泳龙荣轼等。自全国运动大会闭幕后，以成绩优异，当选为中华代表参加第九届远东运动大会。经数日之苦战，荣获大会男子排球锦标。为国争荣，居功至伟！本月一日远东运动会结束，我校选手由指导员赵善性君率领南返。

广东女子排球队队员、国立中山大学的学生运动员李粹美参加了第四届全国运动会的女子排球赛和女子篮球赛，1930 年第 648 期《图画时报》刊登了她的图片（图 5-3-4）。

图 5-3-4　参加第四届全国运动会的李粹美

1932 年第 68 期的《良友》杂志刊登了广州排球队的全体队员合影，其中特别介绍了广州队之主力健将丘广燮（图 5-3-5）。丘广燮是全能型运动员，曾作为田径队、排球队、篮球队的队员参加比赛，入选《全国男子田径名将录》。

图5-3-5 广州排球队合影,左上角为丘广燮

1933年第77期的《良友》杂志刊登了获得第十二届广东省运动会女排冠军的国立中山大学女子排球队的照片(图5-3-6)。

图5-3-6 获得第十二届广东省运动会女排冠军的国立中山大学女子排球队

良友图书印刷有限公司1933年2月出版的第五届《全国运动会图画专刊》刊登了获得第五届全国运动会男子排球亚军的广东排球队合影(图5-3-7)。

图5-3-7 获得第五届全国运动会男子排球亚军的广东排球队

根据《国立中山大学日报》统计，国立中山大学参加历届远东运动会的排球运动员、教练员名单如表5-3-1所示。

表5-3-1 国立中山大学参加历届远东运动会的排球运动员、教练名单

年份	届数	项目	运动员	教练（指导员）
1925	第七届	男排	李仲生、黎连楹	—
1927	第八届	男排	李仲生、黎连楹	赵善性（指导员）
1930	第九届	男排（获冠军）	黎连楹、李福申、黄炳坤、马元巨、梁朝汇、伍永钦、朱祖成	赵善性（教练）
1930	第九届	女排	许桂馨、李梓美、萧惠灵、卢惠娴	—
1934	第十届	男排	黄英杰、梁杰堂、李福申、丘广燮、黎连楹	—
1934	第十届	女排	孙织、萧惠灵、卢惠娴	—

第四节 篮球

据《广州市志（体育卫生志）》记载，19世纪末，篮球通过基督教青年会及华侨传入广州。20世纪初，广州的真光书院、培英学堂、培正学堂、格致书院等教会学校推行近代体育，先后开展篮球活动，其后，广府中学、南武中学、国立广东高等师范学校等也纷纷效仿。至1923年，广州各校均有篮球队，经常组织篮球比赛。

篮球运动也是国立中山大学的强项。1927年，国立中山大学篮球队在第十届广东省运动会上获得亚军；1928年，又在第十一届广东省运动会上跃居榜首。1929年，美国学生队及美国舰队"希伦那"号篮球队、"哥连穆"号篮球队等三支篮球队先后来穗比赛，国立中山大学篮球队三战连挫外敌。同年，广州举行第二届全市篮球赛，国立中山大学篮球队再度夺得甲、乙两组冠军。因此，国立中山大学篮球队成为当时广州战绩辉煌的篮球劲旅，不少队员参加了民国时期的全国运动会。

1927年11月2日《国立第一中山大学日报》第3版的《体育部规定本周练习时间》一文，公布了排球、篮球、足球等项目的练习时间，详见第五章第三节。

1928年11月26日的《国立中山大学日报》第6版刊登了第十一届广东省运动会篮球冠军国立中山大学篮球队的照片（图5-4-1）。

图5-4-1 第十一届广东省运动会篮球冠军国立中山大学篮球队

1929年5月27日《国立中山大学日报》第3版的《拨给球队远征旅费大洋一千元》一文，介绍了国立中山大学拨款组织足球队、排球队、篮球队，利用暑期前往南京、上海等地巡游比赛的情况：

> 本校学生球队，自去冬参加运动大会，获全省冠军之后，无论在西省或本市比赛，无不获胜夺标，立于南中国诸省球场，可称无敌，遐迩咸知。近来该队全体学生，联请组织远征队，先从江沪，继至苏杭，与华东各队，作技术之比赛，拟在暑假中，学期考试前，整装出发，但湖海身车，所费不少，曾由体育委员会邝嵩龄主席，致函戴校长，请多给旅费，以期培植进展，而壮形色。惟近缘时局影响，校竭支拙异常，而与华东各校，为体育技能之竞争，乃发扬校誉，机会又不能失。闻校长由京致函沈主任，酌拨大洋一千元，以资辅助，饮食由该队自行筹备云。

1929年第66期的《图画京报》刊登了华南劲旅国立中山大学篮球队的图片（图5-4-2），以及国立中山大学和金陵大学的排球队、篮球队的合影（图5-4-3）。

图5-4-2　华南劲旅国立中山大学篮球队合影

图 5-4-3 国立中山大学和金陵大学的排球队、篮球队合影

1930年3月30日《国立中山大学日报》第3版的《本校参加第四届全国及远东运动会之选手》一文，介绍了国立中山大学准备参加第四届全国运动会及第九届远东运动会的人选准备情况：

> 本校此次参加全国运动大会，及第九届远东运动大会人选的问题，闻昨日已告解决；查各项球类选手，颇有相当成绩。该会为校誉计，拟努力提倡，再加选集，现在游泳一项人选，尚未决定云，选手分类详列于后：
> （一）排球选手
> 黎连楹，马元巨，黄炳坤，朱祖成，李福申，梁朝汇。
> （二）足球选手
> 黄炳坤，许家维，梁福泰，庄甲民，冯汉树，莫公璧。
> （三）篮球选手
> 黄炳坤，黎连楹，马元巨，龙荣轼，朱祖成，陈昆年，潘福祥。
> （四）田径选手
> 马元巨：十项，掷矛；李福申：高栏，低栏；梁福泰：800米，1500米。

良友图书印刷有限公司1930年4月出版的第四届《全国运动会

图画专刊》刊登了参加第四届全国运动会男子篮球比赛的广东男子篮球队的图片（图5-4-4），其中，来自国立中山大学的队员有黄炳坤、黎连楹、马元巨、朱祖成、陈昆年、潘福祥、龙荣轼。

图5-4-4　参加第四届全国运动会男子篮球比赛的广东男子篮球队

良友图书印刷有限公司1935年出版的第六届《全国运动会图画专刊》刊登了获得第六届全国运动会女子篮球亚军的广东女子篮球队的图片（图5-4-5），其中，来自国立中山大学的队员有卢惠娴（队长）、郭琪玮、李惠明、李亚芬等。

图5-4-5　获得第六届全国运动会女子篮球亚军的广东女子篮球队

第五节 游泳

国立中山大学地处珠江之滨，作为一所著名大学、体育强校，游泳项目也发展得很好，竞技水平在广东省名列前茅，运动员也曾参加过全国运动会，其中，鲍励、杨亨华还参加了第十届远东运动会。

1928年9月7日《国立中山大学日报》第2版的《体育协会开始训练》一文，刊载了"中大游泳会"的活动消息：

> "中大游泳会"扩大组织，改称"中大体育协会"，并规定时间训练一事，经纪前报，闻昨五日为该会开始训练之第一日，晨光曦微，雾水未干，本校运动场上，已应集全体队员，其最先莅场者，厥为崔载阳，周鼎培，黄炳坤，黎连榲，何椿年等，晨钟初鸣即开始训练，田径赛完竣后，继赛篮球。精神奋发，极绕兴致，直至七时始休息云。

1928年9月14日《国立中山大学日报》第4版的《本校体育部最近之工作》一文，刊载了国立中山大学体育部近期的工作安排，说明学校游泳队的实力不凡：

> （二）选派游泳选手参赴省港澳大比赛——本校游泳队，技术精湛，已为一般人士所洞悉。曾于第一二次水上运动会欣夺冠军，获得奖品甚多。现值精武会发起省港澳游泳比赛，本校游泳队员，俱跃跃欲试，复显手身，体育部特锤选能手多名，参赴大会与港澳健儿一较长短行见奏凯归来，为我校争光不少矣。

1928年10月18日《国立中山大学日报》第4版的《全校运动大会之结束：游泳锦标》一文，介绍了全校运动大会的游泳冠军，

说明游泳已经包含在国立中山大学的竞赛体系里了:

五十米:马元巨。一百米:马元巨。二百米:雷惠明。四百米:雷惠明。

八百米:龙荣轼。千五百米:龙荣轼。蛙泳:龙荣轼。仰泳:龙荣轼。

良友图书印刷有限公司1930年4月出版的第四届《全国运动会图画专刊》刊登了游泳选手杨亨华和杨元华的合影(图5-5-1),代表广东队的杨元华获得了百码仰泳第一名,代表香港队的杨亨华(国立中山大学)获得了百码仰泳第三名。

图5-5-1 第四届全国运动会游泳选手杨亨华(左)、杨元华(右)合影

1932年第66期的《良友》杂志刊登了广州水上运动会女子100米仰泳前三名的合影,图5-5-2中,从左至右分别是袁佩娴(国立中山大学)、杨秀珍、叶其秀。

1933年第19卷第946期的《北洋画报》刊登了参加第十二届广东省运动会的国立中山大学全体女运动员合影(图5-5-3),国立中山大学的女运动员获得了本次运动会的女子总锦标。

图 5-5-2　1932 年度广州水上运动会女子 100 米仰泳前三名合影

图 5-5-3　参加第十二届广东省运动会的国立中山大学全体女运动员合影

1933 年第 969 期的《图画时报》报道了广州第三次水上运动会的情况，在女子 200 米接力赛中，国立中山大学女子游泳队大胜香港南华队。图 5-5-4 是国立中山大学女子游泳队的队员合影，从左到右分别是邓影莲、马瑞芝、袁佩璋、袁佩娴。

体育项目,积健为雄 第五章

图5-5-4 国立中山大学女子游泳队队员合影

1933年9月27日的《国立中山大学日报》第2版介绍了国立中山大学在广东省第六次水上运动会上夺得锦标的情况:

21日在东山体育会举行,男女观众,拥挤异常,水面所搭竹棚,几无容足之地。公安局乐队莅场奏乐,其声悠扬,至足乐也!本校体育部,以机会难逢,故特领导一般体育健将,参加比赛,大显身手,深博得观众喝彩,以增加本校不少光荣。兹将其成绩(冠亚军)探录如下:
(男子)
水球决赛本校对水体 四对零,本校胜
队员 杨亨华 黄纪良 黄纪周 曹绍辉 马元巨 鲍励金子章
二百米接力冠军 队员 王秀山 鲍励 杨亨华 黄纪良
二百米蛙泳 第二名 鲍励
四百米蛙泳 第二名 鲍励
全场团体冠军 本校

全场个人冠军　鲍励

（女子）

百米蛙泳　冠军　冯瑞芝　亚军　袁佩娴

二百米蛙泳　冠军　袁佩娴　亚军　袁佩璋

二百米接力　冠军　袁佩娴　袁佩璋　冯瑞芝　邓影莲

一百米背泳　冠军　袁佩娴

全场团体冠军　本校

全场个人冠军　袁佩娴

1933年第1卷第20期的《新中华》刊登了参加广东省第六次水上运动会的国立中山大学游泳队携奖杯的集体照（图5-5-5），以及男子游泳运动员鲍励的个人照（图5-5-6）。

图5-5-5　参加1933年度广东水上运动会的国立中山大学游泳队携奖杯集体照　　图5-5-6　鲍励

1934年第1卷第14期的《新生周刊》刊登了参加第十届远东运动会的广东省游泳选手的照片，图5-5-7中，从左至右分别是王秀山、鲍励（国立中山大学）、陈其松、陈振兴。

图5-5-7 王秀山、鲍励、陈其松、陈振兴

良友图书印刷有限公司1934年出版的《第十届远东运动会特刊》刊登了获得第十届远东运动会游泳团体第三名的中国游泳队合影（图5-5-8），其中有国立中山大学的学生运动员杨亨华、鲍励。

图5-5-8 获得第十届远东运动会游泳第三名的中国游泳队合影

第六节 水球、划船

广东民间具有悠久的划龙舟传统，水上运动项目自然受到广东省政府、广州市政府的重视，它们经常组织水上运动会，包括游泳、水

球、划船等比赛项目。国立中山大学地处珠江边,得地利之便,学校也积极组织水球和划船训练,组队参与比赛,且成绩不俗。

1929年5月2日《国立中山大学日报》第4版的《游泳棚将修理完毕,增置舢板两艘》一文,介绍了国立中山大学建游泳棚、购买船只的情况:

> 本校为便于员生游泳起见,曾于去年在东山水上游艺场建筑游泳棚一座,现因风雨飘蚀,破烂不堪,昨体育部特雇华兴棚店工人重新修理,预料五月一日,即可竣工,增置舢板两艘,以供员生练习驾驶之术云。

1933年第969期的《图画时报》刊登了广州市第三次水上运动会舢板比赛的图片,如图5-6-1所示。

图5-6-1 广州市第三次水上运动会之舢板比赛

1933年9月27日的《国立中山大学日报》第2版介绍了国立中山大学在广东省第六次水上运动会上夺得锦标的情况,其中,水球比赛获得冠军,详见第五章第五节。

1934年第96期的《良友》杂志介绍了广东省第七次水上运动会的比赛情况,刊登了水球(图5-6-2)和舢板一万米(图5-6-3)比赛的照片,其中,广州队获得了舢板一万米比赛的首名。

体育项目，积健为雄 第五章

图5-6-2 广东省第七次水上运动会的水球比赛

图5-6-3 广东省第七次水上运动会舢板一万米比赛

1934第6卷第8期的《时代》杂志刊登了广东省第七次水上运动会舢板比赛的照片，如图5-6-4所示。

图 5-6-4 广东省第七次水上运动会舢板比赛

第七节 棒垒球

据《广东省志·体育志》记载,棒垒球运动于20世纪20年代前后传入广东。1915年,第二届远东运动会在上海举行,有菲律宾女子垒球队进行表演。此后,广东等地的一些大学、中学开始进行女子垒球活动。1918年,国立广东高等师范学校开办体育班,建设了拥有250米椭圆形跑道的运动场,场中就附设了足球场、棒垒球场。

国立中山大学很早就开展了棒垒球运动,少数运动员还代表广东省参加了全国运动会。1927年10月29日《国立第一中山大学日报》第4版的《体育消息》一文,就报道了学校购置垒球设备,聘请垒球专家赵士伦开展运动的情况:

垒球

本校体育部已将垒球各种器具购置完毕,并敦请垒球专家赵士伦先生于星期三六下午二时半,星期日下午二时,到校指导。各同学欲参加者,可到体育办事处报名加入练习。并闻已函约本市四高校友会于本星期日下午来校作友谊的比赛云。

1927年11月2日《国立第一中山大学日报》第3版的《体育部规定本周练习时间》一文中,就公布了垒球等项目的练习时间和赛事通报(详见第五章第三节);11月11日的《国立第一中山大学日报》第4版介绍了国立中山大学垒球队与日本队比赛垒球的情况:

垒球队初试好身手

年前本校同学,对于垒球练习,素无兴趣。自今春本校垒球队战胜日本队后,始引起同学之注意。惟于暑假时,队员多已星散,用具也尽遗失;体育部特于前月重新组织,购置器具,并请垒球大王赵士伦先生担任指导,积极训练,又为检阅成绩起见,特定于星期日下午二时,在文理科学院球场,与日本垒球队比赛,欢迎各界参观云。

1930年第649期《图画时报》刊登了广东女子垒球队在上海参加比赛时的练习场景(图5-7-1),国立中山大学的许桂馨、李惠明等多名学生运动员参加了本次比赛。

图5-7-1 许桂馨等在上海练习垒球

1933年第948期的《图画时报》以《中山大学名体育家：马庆新，鲍以薇女士》为题，刊登了国立中山大学的女子垒球、网球运动员马庆新、鲍以薇的合影（图5-7-2）。

图5-7-2　马庆新（左）、鲍以薇（右）合影

良友图书印刷有限公司1933年2月出版的第五届《全国运动会图画专刊》，刊登了获得第五届全国运动会女子垒球冠军的广东女子垒球队集体照（图5-7-3），以及获得第五届全国运动会男子棒球冠军的广东男子棒球队集体照（图5-7-4），其中就有来自国立中山大学的学生运动员。

图5-7-3　获得第五届全国运动会女子垒球冠军的广东女子垒球队集体照

体育项目，积健为雄

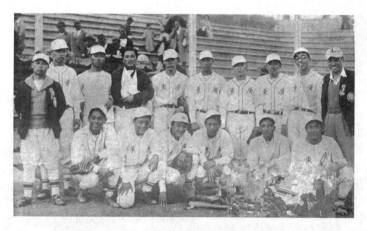

图5-7-4 获得第五届全国运动会男子棒球冠军的广东男子棒球队集体照

良友图书印刷有限公司1935年4月出版的第六届《全国运动会图画专刊》刊登了获得第六届全国运动会女子垒球亚军的广东女子垒球队的集体照（图5-7-5），其中就有来自国立中山大学的学生运动员。

图5-7-5 获得第六届全国运动会女子垒球亚军的广东女子垒球队集体照

1935年第19期的《大众画报》刊登了第十三届广东省运动会棒球比赛的场景，如图5-7-6所示。

图5-7-6 第十三届广东省运动会棒球比赛的场景

第八节 网球

据《广州市志（体育卫生志）》记载，广州的格致学堂1905年就开设了网球场，是广州市第一所开设网球场的学校。网球当时被称为"绒球"。20世纪20年代，广州市的网球运动逐渐兴起，许多学校开始开展网球运动，其中就有国立中山大学。国立中山大学的网球健将符和云还参加过远东运动会的网球预选赛。

1927年12月8日《国立第一中山大学日报》第5版的"体育杂讯"，介绍了符和云（诨名"老虎仔"）将参加网球比赛的情况：

  二、老虎仔磨砺以需，广东全省体育协进会，将于本月十五举行网球锦标国际比赛，本校网球好手，老虎仔（符和云）闻此消息，色舞眉开，现由体育部派出赴会比赛。查符君曾代表广州出席远东网球预选会，香港中华会之网球老将，极赞其球术之卓超，并嘉以"少将军"头衔；此次参加斯会，与碧眼红发之网球健将相周旋，其惊人之绝技，将复显于观众之前矣。

1928年第32期的《珠江》杂志刊登了符和云的照片及其个人简介，如图5-8-1所示。

图5-8-1 符和云

国立中山大学1929年的体育协会组织架构里，就已经有了网球协会组织及其负责人，专门开展网球工作。1929年3月12日的《国立中山大学日报》第4版就以《学生体育协会工作安排》为题，介绍了网球队的职员安排和训练时间，详见第四章第一节。

1929年4月4日《国立中山大学日报》第4版的《本校网球选手符和云获国际网球决赛》一文，介绍了符和云获得国际网球比赛决赛权的情况：

本校网球选手符和云君参加美侨主办之国际网球比赛会，初次出马,即以"六对三""七对五""六对四"克曾获去年冠军之英国人高佬利市。第二次出阵,与培正之梁德光相遇,毫不着意即以"三对〇"获胜。前日符君与日人宫畸多灾复赛以"六对四""六对三""六对一"连胜三局,获得最后决赛权。

国立中山大学的男子网球队获得了1934年广州市运动会团体第三名、1935年第十三届广东省运动会团体第四名的成绩。

国立中山大学的女子网球运动也很活跃,1932年12月2日的《国立中山大学日报》就以《本校女生单人绒球比赛表》为题,刊载了参赛运动员名单:"马庆新、金秀珍、黄子鸣、黄墥若、李粹美、许桂馨、利霞珍、梁景峰、刘秀珍、朱苏亚、萧惠灵、卢惠娴、鲍以薇、姜为德、林仕珍。"①

1933年第77期的《良友》杂志刊登了参加第十二届广东省运动会女子网球项目的部分运动员合影,在图5-8-2中,右一为国立中山大学的邓新豪,右三为国立中山大学的朱苏亚。

图5-8-2 邓新豪、朱苏亚参加第十二届广东省运动会女子网球比赛

---

① 《本校女生单人绒球比赛表》,载《国立中山大学日报》1932年12月2日,第4版。

1933年第910期的《图画时报》刊登了国立中山大学网球女将鲍以薇、李粹美、萧惠灵、马庆新（从左至右）的合影，如图5-8-3所示。

图5-8-3　鲍以薇、李粹美、萧惠灵、马庆新合影

1933年第945期的《图画时报》刊登了网球女将邓新豪的照片（图5-8-4），邓新豪原是广东省立女子师范学校的学生，后入国立中山大学就读。

图5-8-4　邓新豪

1934年1月8日的《国立中山大学日报》介绍了国立中山大学参加"万国公开双单人绒球比赛"的情况，其赛程安排和人员名单是："本月八日下午四时半，黄壏若、冯兆榆（双打）；萧惠灵、李粹美（双打），鲍以薇，马庆新"①，说明国立中山大学的女子网球运动已经达到了一定的竞技水平。

1934年的广州市运动会，国立中山大学获得了女子网球团体冠军、女子网球个人冠军。② 1935年的第十三届广东省运动会，国立中山大学获得了女子网球团体冠军；在这届运动会上，女子网球双人冠军是萧惠灵、邓新豪，单人冠军是萧惠灵，单人第三名是邓新豪。③

第九节　乒乓球

据《广州市志（体育卫生志）》记载，乒乓球运动经基督教会传入广州，先在真光学校、培英学校等教会学校作为课外体育活动开展。1916年，广州基督教会青年会健身房落成，室内有乒乓球设备，吸收学生及社会青年练习、比赛，部分学校及社会群体陆续效仿，乒乓球运动从此根植广州。

相比于网球，国立中山大学的乒乓球运动要晚发展两年，但在校内体育活动中，乒乓球比赛很多；学校也积极参加广东省体育协进会的比赛，与香港的乒乓球交流非常活跃，成绩不俗。

1929年11月23日，中大体育协会召开第二届执委会议，会议决议包括安排乒乓球等各运动项目的主任：

---

① 《万国公开双单人绒球比赛秩序表》，载《国立中山大学日报》1934年1月8日，第3版。
② 《本校参加市运会成绩总检阅》，载《国立中山大学日报》1934年4月16日，第1版。
③ 《本校参加此次省运会成绩总检阅》，载《国立中山大学日报》1935年5月25日，第3版。

体育项目,积健为雄

足球主任——黄炳坤 篮球主任——黎连楹 排球主任——马元巨 绒球主任——郑建楠 垒球主任——何椿年 田径主任——李福申 陈昆年 乒乓球主任——黄覃 游泳主任——金宝榛 艺术主任——李本生 李焕维 管理主任——陈煜年 庶务主任——聂永年 李青年 秘书——吴钦尧 司库——梁朝汇 交际——王敬宜 邱锦华 邓坤廉 出版委员会——周鼎培等。①

1930年5月22日《国立中山大学日报》第3版的《本校颁发乒乓球赛奖品》一文,介绍了国立中山大学为参加乒乓球比赛的同学颁发比赛奖品的情况。

1932年6月14日《国立中山大学日报》第2版的《本校乒乓球队大胜香港华侨队》一文,介绍了国立中山大学乒乓球队大胜香港华侨队的情况:

> 十一日下午七时,中大乒乓球队与香港华侨队在广东体育协进会进行友谊赛,结果总分是二十四:六,中大胜。中大队员是:黎淑祺、黄用取、梁绛、郑维邦、黄鸿宁、柯景濂。

1932年7月28日《国立中山大学日报》第1版的《本校乒乓球队今日战港精武会》一文,报道:

> 广州强华体育会,昨函约本校乒乓球队,于八月二日下午四时,在省体育协进会作友谊赛。又代表香港九龙精武体育会,函约本校队于今日(二十七日)下午一时作赛,本校队员:黎淑祺、黄用取、梁绛、郑维邦等。

1936年第2卷第2期的《乒乓世界》刊登了国立中山大学的乒

---

① 《体育协会简章》,载《国立中山大学日报》1929年11月23日,第4版。

乒球名将郑维邦、沈以琬、黄用取（从右至左）的合影，如图5-9-1所示。

图5-9-1 郑维邦、沈以琬、黄用取合影

第十节 武术

据《广东省志·体育志》记载，清道光年间及以前，广东各学堂的体育教育以武术为主，清末，广东中学的体育课主要是教授兵式体操。清同治、光绪年间，外国教会开始在广州办学，这些教会学校是最早开展西方近代体育项目的学校，他们建设体育场地，聘请外籍体育教师，其体育课内容以田径、球类为主，体育运动较为活跃。在这期间及之后，许多学校仍然提倡"国粹"，开展武术教学活动。

九一八事变后，国立中山大学坚决抗日，师生员工游行示威、捐款捐物，同时积极推广武术教学，强身健体，提倡尚武精神。为此，国立中山大学及其附属小学、附属中学专门聘请了著名武术大师傅振嵩先生（图5-10-1）、太极拳教师陈微明先生等人，教授师生员工武术，在全校形成了武术活动的高潮，这也使得国立中山大学的武术发展拥有很好的群众基础。

体育项目，积健为雄

图 5-10-1　傅振嵩

　　1929 年，国立中山大学附属中学聘请傅振嵩先生担任国技教师；1930 年，傅振嵩先生转任国立中山大学国技教师。1935 年的《国立中山大学二十四年度教职员录》里有其履历："五十一岁。河南信阳人。奉天陆军讲武堂毕业。民国十五年，任直隶陆军第六混成旅十一团团长。十六年，任北平大元帅府国技教务主任兼第一大刀队长。十七年，中央国术馆聘任总教师。十八年一月，两广国术馆聘任主任教师，警官学校、测量学校聘任国技教师。十九年，国立中山大学聘任国技教师。二十二年，第一集团军总司令部聘任国技教师。二十三年，广州市政府聘任国技教师。"

　　1931 年的《国立中山大学附属小学十九年度概况》中，就有国立中山大学附属小学聘请任生魁（图 5-10-2）担任国技教练的记载。

　　1932 年 4 月 14 日《国立中山大学日报》第 2 版的《本校聘请陈微明先生教授太极拳》一文，介绍了国立中山大学聘请太极拳大师教授学生武术的情况：

图 5-10-2　任生魁

> 本校军事训练，原有拳术一科，近年以来，历办有案；邹校长就任后，即已物色此种人才，继续教授，顷已聘请拳术大家陈微明先生，教授太极拳。查陈氏为上海致柔拳社社长，精通国术，研究内家太极拳，垂二十年，卓著效验。

1933年1月12日《国立中山大学日报》第7版的《国技表演：邹校长表演太极拳》一文，介绍了邹鲁校长在国立中山大学第二次运动大会的开幕式上表演太极拳的情况：

> 昨九日之国技表演，为会场中最精彩之一幕，极引起观众深切之注意，博得掌声不少，诚以现在之竞技，无一非仿效西洋，吾国固有体育，反湮没无闻，得此一幕，倍兴民族精神之感，我们唯希望我国国技，得以改良扩充，使成为异日国民体育，如日本之柔术，为强民强国之基础也。
> 是日表演时间，由一时至二时，表演学生为大学及高中部学生，分为二组，第一组为太极拳组，穿制服，表演太极拳与太极剑；第二组为八卦拳，穿白内衣黑裤，表演八卦拳八卦剑，皆极纯熟整齐，甚得观者之赞赏，其后又请会长邹海滨先生及本校教授粟豁蒙先生表演太极拳，以资倡导，邹会长及粟教授固精于斯道者，一时掌声如雷，复次由八卦拳教师傅振嵩先生表演八卦龙形拳八卦飞龙剑，八卦大单刀及太极拳教师陈微明先生表演太极拳太极剑……最后由学生表演八卦掌对打而止。

1934年11月8日《国立中山大学日报》第2版的《四运会筹备国技表演消息》一文，内容非常丰富：

> 节目：共二十八种。时间，十一日下午，地点，在石牌新校。
> 本校国技教师傅振嵩先生，对于第四次全校运动大会，筹备表演国技，各情经略志前讯。查傅氏现定于十一日下午二时半至

四时半，在石牌新校办公厅前，表演各种国技。闻内容异常丰富，节目共有二十八种，除本校员生外，并邀约市内各机关人员精于国技者，前来参加表演以资助庆云。兹将其准备表演节目探录于后：

（一）傅振嵩八卦龙形刀，（二）傅永翔游龙八卦掌，（三）傅永辉少林拳，（四）大学团体太极拳，（五）医学院国技团武当青龙剑，（六）市政府职员团体太极拳，（七）俞绍基青龙剑，（八）林朝珍两仪拳，（九）傅振嵩八卦龙形掌，（十）邝允征头螳拳，（十一）傅君琇青龙剑，（十二）中大学生团体八卦推手，（十三）傅振嵩陈瑞云太极推手，（十四）铁路局职员决赛比武，（十五）傅永辉伍瑞新决赛劈剑，（十六）张青青龙剑，（十七）傅君琇连环拳，（十八）傅振嵩傅永辉对武当飞龙剑，（十九）铁路局职员对打头螳拳，（二十）林朝珍八卦旋风刀，（二十一）梁日初少林拳，（二十二）傅振嵩傅永辉对八卦飞形双刀，（二十三）屈用龙头螳拳，（二十四）何燮维四面枪，（二十五）中大学生太极推手，（二十六）傅振嵩八卦大单刀，（二十七）本校大学部潘明纪，莫锡庞，刘方如，佟鸿基，邓纪荣，张国常，孙连晃，吴安棠太极拳八卦连环推手，（二十八）张青少林拳。

1934年11月15日《国立中山大学日报》第5版的《本校国术教师万人赞》一文，介绍了11月11日的国立中山大学第四次运动大会开幕式典礼上的武术表演：

本校国技教师，傅振嵩先生，带同铁路局职员，及市政府职员等团体，表演国技祝庆，项目共有二十余欸之多，观众异常赞美，尤为精彩，舞至吃紧处，只见万刀翻飞，令人目眩神骇，博得全场拍掌，欢声雷动，咸赞为眼福不浅云。

1935年9月12日《国立中山大学日报》第14版的《高中新聘

傅永辉先生教授国技》一文，介绍了国立中山大学附属学校高中部新聘武术大师傅永辉先生教授国技，并有课程安排：

> 国技教师傅永辉，兹应邹校长之聘，为高中部国技教员，下周上课，星期二、四、六下午六时至七时为授课时间。

1937年1月15日《国立中山大学日报》第1版的《本校聘请李剑琴为体育部摔跤运动西洋拳术义务指导》一文，介绍了国立中山大学从香港大学聘请李剑琴先生的消息：

> 本校体育部对于学生之体育训练，素极注意，年来人才辈出，均能为国效力；现该部为普遍增进各同学对体育发生兴趣起见，特增设摔跤运动及西洋拳术二项，定每星期日上午八时半至十时半在医学院训练，闻学校经已聘定李剑琴先生担任义务指导，每月由学校酬送身车费。查李氏现任香港大学健身室主任，对上述二项运动，造诣甚深，指导也极得法云。

1938年2月17日《国立中山大学日报》第1版的《大学布告：国术练习时间及地点》一文，通告了国术教师傅振嵩的教学内容是八卦拳、杀敌救国大刀、太极拳，及其上课的时间、地点：

> 为布告事，项接国术教师傅振嵩来函，本学期员生国术分为三班教授，由本月二十二日起开始，请通告本校各学院员生参加练习等由，附练习时间及地点，准此，合行布告，仰本校员生一体知照，此布。
> 附国术练习时间及地点表
> 　　　　　　　　　　　　　　　中华民国二十七年二月十五日
> 　　　　　　　　　　　　　　　校长　邹鲁

体育项目,积健为雄

国术练习时间及地点表

星期一
星期三　　上午六时半至七时半　授课八卦拳
星期五　　下午三时半至四时半　授课杀敌救国大刀

星期二
星期四　　下午六时至七时　授课太极拳
星期五

地点:均在文明路本校附中风雨操场前

第六章 体育劲旅，名扬海外

第一节 参加广州市运动会

据《广州市志（体育卫生志）》记载，从1926年到1937年，广州市运动会共举行了8届，国立中山大学以其重要的社会影响力、优良的体育基础、突出的运动成绩，为推动广州体育活动作出了贡献。

1933年第964期的《图画时报》刊登了参加广州市运动会的广州著名女运动员容羡红、鲍以薇、马庆新、司徒薇、卢惠娴（从左至右）的合影，如图6-1-1所示。其中，鲍以薇、马庆新、卢惠娴是国立中山大学的学生。

图6-1-1 容羡红、司徒薇、鲍以薇、马庆新、卢惠娴合影

体育劲旅，名扬海外

1933年第969期的《图画时报》刊登了广州第三次水上运动大会200米蛙冠军袁佩娴的照片，如图6-1-2所示。

图6-1-2 广州第三次水上运动大会200米蛙泳冠军袁佩娴

图6-1-3是1933年广州市环城跑时，运动员们从东较场出发的照片。在这次环城跑中，获得第一名的是国立中山大学的学生运动员梁田（图6-1-4）。[①]

图6-1-3 1933年广州市环城跑，运动员们从东较场出发

图6-1-4 环城跑第一名梁田

---

① 1933年广州市环城跑，原载广州市田径协会网：https://www.aagz.org.cnindex.aspxid=572&lanmuid=91&sublanmuid=709。

· 101 ·

1934年第31卷第10期的《东方杂志》报道了广州市运动会，刊登了国立中山大学获得男子4×100米和女子4×100米接力赛冠军的运动员的合影，如图6-1-5所示。

图6-1-5　国立中山大学获得男子4×400米和女子4×100米接力赛冠军

第二节　参加广东省运动会

《广东省志·体育志》记载，广东省运动会从1906年开始到1947年，一共举行了十五届。清末举行的前四届广东省运动会，场地、规则等都还不完善，组织工作常常处于一片混乱之中，1912年之后，广东省运动会才逐渐步入正轨。

1906年1月10日举办的第一届广东省运动会由广东省学务处主办，在广州东较场举行，大会名称为"广东省大运动会"，学务公所所长姚百怀任会长，广州城内的岭南学堂、南武公学、随宦学堂等17所学校派出学生参赛。

体育劲旅，名扬海外

第一届广东省运动会的项目设置极为简单，主要是田径项目，且不设女子项目。时值隆冬，运动员均穿唐装衫裤，裤长而阔，形如喇叭，多用布带或袜带扎紧裤脚，脚穿布鞋；甚至还有赤足参加跑跳、竞走者。学生们留着辫子，参加比赛时，就把辫子盘在头上。当时，没留辫子的人会受到轻视或嘲笑，甚至被怀疑是革命党人。所以，任跳类评判的随宦学堂某张姓老师，被在场学生发觉剪了辫子时，便受到指摘，引起在场运动员及场外观众的大哗起哄，以致秩序大乱。此时，跑道上又出现终点评判错判名次，引发学生抗议。随后，各校相继离场，运动会草草结束。比赛结果：岭南学堂得团体总分第一名，获得绣有双龙戏珠图案的奖旗一面。①

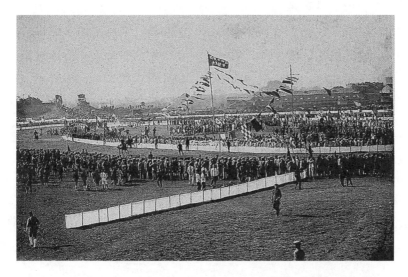

图6-2-1　1906年，第一届广东省运动会在广州东较场举办②

据《广东省志·体育志》记载，1921年的第八届广东省运动会，孙中山任名誉会长，汪精卫任会长。4月16日举行的足球决赛盛况空前，由岭南大学队对香港南华队，孙中山莅临北较场观战，并向蝉

---

① 广东省地方史志编纂委员会编：《广东省志·体育志》，广东人民出版社2001年版，第642页。

② 图片来源于谭惠全主编《百年广州》，线装书局2006年版，第27页。

联冠军的香港南华队的队长梁玉堂颁发奖杯。[①] 国立中山大学承办了第九届至第十一届广东省运动会,1925年的第九届广东省运动会会长是邹鲁,1926年的第十届广东省运动会会长是汪精卫,1928年的第十一届广东省运动会会长是李济深。

国立中山大学具有很强的体育实力,竞技水平在广东省排在前列。1928年11月26日的《国立中山大学日报》第1版"体育特刊",刊载了国立中山大学参加第十一届广东省运动会的成绩,由此可以看出学校的体育综合实力:

> 球类（排球冠军、篮球冠军、足球第四）,田径的径赛第四名,田赛第三名。
> 排球队：李仲生,李焕维,廖言扬,梁朝汇,黎连楹,马元巨,陈煜年,陈坤年,朱祖成,黄炳坤,柳金围,冯汉树。
> 篮球队：黎连楹,黄炳坤,柳金围,廖言扬,陈坤年,陈煜年,符和云,陈忠云,雷惠明,马元巨。
> 足球队：柳金围,李飞,符和云,廖言扬,陈忠云,陈坤年,黎连楹,黄炳坤,许家维,冯汉树,陈煜年,梁福泰。

1933年第7期的《妇人画报》刊登了获得第十二届广东省运动会铅球冠军的孙织的照片（图6-2-2）,孙织是国立中山大学的学生。

[①] 广东省地方史志编纂委员会编：《广东省志·体育志》,广东人民出版社2001年版,第643页。

第六章 体育劲旅，名扬海外

图6-2-2 第十二届广东省运动会铅球冠军孙织

1935年5月25日《国立中山大学日报》第3版的《本校第13届省运会成绩总检阅》一文，介绍了国立中山大学的学生运动员参加第十三届广东省运动会的成绩：

> 计获团体锦标三项及亚军三项，田径队破全省全国纪录者多种。
> 男子全能锦标，女子排球锦标，女子绒球锦标。
> 男子径赛亚军。男子足球亚军。男子乒乓球亚军。
> 男子绒球第四名。男子篮球第四名。
> 女子双人绒球冠军：萧惠灵、邓新豪。女子单人绒球冠军：萧惠灵，第三名：邓新豪。
> 男子田径：
> 1600米接力跑冠军3′42″，打破省纪录，队员：赵辉，陈福添，詹殆基，韩英光。
> 400米接力跑冠军，成绩45″7，打破省纪录，队员：赵式

沂，黄英杰，黄纪良，傅佳桂。

100米第一名赵式沂，11″，平省纪录。

200米第三名赵式沂。400米第二名陈福添。800米第一名陈福添，2′8″8，破省纪录。1500米第一名赵辉，4′38″，打破省记录。

五项全能第一名黄英杰，2889分，破省纪录。十项全能第二名曹绍辉。

跳高第二名陈昆年。撑竿跳高第四名张启钧。

女子田径：

100米第二名赵云珊。

200米接力跑冠军，成绩28″3，打破全国纪录。队员：赵云珊，金秀珍，张艺影，李媛芬。

跳远第一名李媛芬，4.64米，打破省纪录。

1935年第19期的《大众画报》介绍了第十三届广东省运动会的情况，刊登了不少国立中山大学的学生运动员的照片。其中，图6-2-3是女甲200米接力赛冠军赵云珊、李媛芬、金秀珍、张懿扬（从左至右）的合影，图6-2-4是获得女甲排球冠军的国立中山大学女子排球队的合影，图6-2-5是男子1500米冠军赵辉的照片。

图6-2-3 赵云珊、李媛芬、金秀珍、张懿扬的合影

体育劲旅，名扬海外

图6-2-4　获得第十三届广东省运动会女排冠军的国立中山大学女子排球队

图6-2-5　获得第十三届广东省运动会1500米冠军的赵辉

1935年第2卷第9期的《勤奋体育月报》刊登了获得第十三届广东省运动会800米冠军的国立中山大学学生运动员陈福添的照片，如图6-2-6所示。

图6-2-6 获得第十三届广东省运动会800米冠军的陈福添

1937年第129期的《良友》杂志报道了第十四届广东省运动会的情况，在这次运动会上，国立中山大学的黄英杰获得100米跨栏冠军并打破广东省纪录，赵秉衡获100米跑冠军，如图6-2-7所示。

图6-2-7 黄英杰（右）、赵秉衡（左）

体育劲旅，名扬海外

第三节　参加华南区四校联合运动大会

　　1931年，国立中山大学、私立岭南大学、香港大学联合举办华南区三大学联合运动大会，每年一次，共举办了四次。1933年，厦门大学加入，所以第三届和第四届更名为华南区四校联合运动大会。华南区四校联合运动大会的作用在于"挑取各大学运动选手之成绩最优良者为本会代表，赴各地参加比赛，其费用由各大学平均担负"；比赛项目主要是传统的田径项目，在由国立中山大学举办的第三届运动大会中，增加了网球的表演赛；比赛规则除了"由大会持定之规则外，余悉依照远东运动会最近规程"；运动大会的宗旨是"个人可以强健体魄，在国家可以强健种族，造成华南尚武雄风"。①

　　九一八事变后，华南区四校联合运动大会的宗旨增加了"解救国难的使命"，正如国立中山大学事务长萧冠英在第三届运动大会闭幕式上演说的那样："健儿们！我们在这危急的严重的国难当中，仍然是这样兴奋，这样热烈，这样严正，举行这次的联合运动大会，固然要坚强我们的体魄，尤要坚强我们的意志，来发挥我们联合运动有进无退的勇气，团结一致的精神，去研究高深学术，负起赶上世界文化、解救国难的使命。"②

　　1931年3月14—16日，首届华南区三大学联合运动大会在香港大学举行，香港大学获总成绩第一名。1932年3月，第二届华南区三大学联合运动大会在私立岭南大学举行，私立岭南大学获总成绩第一名。1933年4月15日，第三届华南区四校联合运动大会在国立中山大学举行，国立中山大学获总成绩第一名。1934年4月，第四届

---

　　① 《华南区联合运动大会之余闻》，载《国立中山大学日报》1933年4月20日，第4版。

　　② 《华南区大学第三届联合运动会闭幕会词》，载《国立中山大学日报》1933年4月19日，第3版。

华南区四校联合运动大会在香港大学举行，香港大学获总成绩第一名。

1933年5月11日《国立中山大学日报》第3、4版的《华南区联合运动大会成绩表（男子）》一文，记载了四校男子组在第三届华南区四校联合运动大会上打破的各项纪录，详见表6-3-1。

表6-3-1　第三届华南区四校联合运动大会男子组破纪录汇总

项目	运动员姓名	校别	成绩	备注
100米	钟连基	国立中山大学	11″3	全国新纪录
200米	钟连基	国立中山大学	22″6	本会新纪录
800米	韩荣光	厦门大学	2′14″4	本会新纪录、全国新纪录
1500米	赵辉	国立中山大学	4′40″	本会新纪录、全省新纪录
10000米	赵辉	国立中山大学	49′30″	本会新纪录、全省新纪录
低栏	钟连基	国立中山大学	26″6	本会新纪录、全国新纪录、全省新纪录
跳远	黄英杰	国立中山大学	6.51米	本会新纪录、全国新纪录、全省新纪录
铁饼	华加梳夫	香港大学	31.98米	本会新纪录、全国新纪录、全省新纪录
铁球	华加梳夫	香港大学	11.47米	本会新纪录
标枪	黄英杰	国立中山大学	43.8米	本会新纪录、全省新纪录

1933年5月20日《国立中山大学日报》第4、5版的《华南区联合运动大会成绩表（女子）》一文，记载了国立中山大学女子组在第三届华南区四校联合运动大会上打破的各项纪录，详见表6-3-2。

体育劲旅,名扬海外

表6-3-2　第三届华南区四校联合运动大会女子组破纪录汇总

项目	运动员姓名	校别	成绩	备注
50米	李媛芬	国立中山大学	7″2	全国新纪录、全省新纪录
跳远	李媛芬	国立中山大学	6.6米	全国新纪录、全省新纪录

1933年第923期的《图画时报》报道了第三届华南区四校联合运动大会,刊登了一些国立中山大学的学生运动员的照片。其中,图6-3-1是获得女子200米接力赛冠军的赵云珊、金秀珍、许桂馨、李媛芬(从左至右)的合影,图6-3-2是获得女子铅球第一名的郭琪玮投掷铅球时的照片。

图6-3-1　女子200米接力赛冠军合影

图6-3-2　郭琪玮在投掷铅球

1933年第4卷第5期的《时代》杂志也刊登了一些国立中山大学的学生运动员参加第三届华南区四校联合运动大会的比赛照片。其中,图6-3-3是获得男子10000米跑冠军的赵辉的参赛照片,图6-3-4是黄英杰参加跨栏比赛时的照片,图6-3-5是获得女子跳远冠军的李媛芬。

图6-3-3 赵辉在参加10000米跑

图6-3-4 黄英杰参加跨栏比赛

图6-3-5 李媛芬

第四节　参加全国运动会（1910—1948年）

1910—1948年间，全国运动会共举办过7届。其中，1910年在南京举办的"全国学校区分队第一次体育同盟会"被追认为第一届全国运动会。在这届运动会上，广东与香港合组华南队，广东高等师范学校（国立中山大学前身院校之一）派出了多名运动员参加比赛。1930年在杭州举办的第四届全国运动会，也是中华民国国民政府举办的第一届全国运动会，首次增加了女子项目，上海、广东、香港分获团体前三名。

广东省作为体育强省，田径、足球、排球、篮球、游泳、棒垒球、网球皆是强项，在全国运动会中的成绩一直位于前列。国立中山大学队是广东省的体育劲旅，田径、足球、排球、游泳等项目都具有优势，许多学生运动员代表广东省参加全国运动会，取得了很好的成绩。

1930年3月30日的《国立中山大学日报》第3版以《本校参加第四届全国及远东运动会之选手》为题，介绍了国立中山大学准备参加第四届全国运动会及第九届远东运动会的人选准备情况，详见第五章第四节。

良友图书印刷有限公司1930年4月出版的第四届《全国运动会图画专刊》刊登了广东省排球队获得第四届全国运动会男排、女排冠军的图片。其中，男子排球队的队员中有国立中山大学的黎连楹、朱祖成、伍永钦、马元巨、丘广燮、李福申、梁朝汇等，详见第五章第三节的图5-3-2；女子排球队的队员中有国立中山大学的许桂馨、李粹美等，队员合影如图6-4-1所示。

图6-4-1 第四届全国运动会女排冠军获得者广东女子排球队合影

第四届《全国运动会图画专刊》还刊登了三级跳远前四名运动员的合影，如图6-4-2所示。图中，右二为私立岭南大学的司徒光，右三为国立中山大学的钟连基。

图6-4-2 第四届全国运动会三级跳远前四名运动员合影

1933年10月19日《国立中山大学日报》第5版的《广东选手参加全国运动大会》一文，介绍了国立中山大学的学生运动员在第五届全国运动会上取得的成绩：

第六章 体育劲旅，名扬海外

现据报载，广东参加全国运动大会之选手，对于田径比赛，完全失败，但吾粤所得田径分数，除一二人外，其余均属本校选手，兹将成绩分列于后：

男子

高栏　第三名　黄英杰

五项全能　第三名　黄英杰

四百米替换（接力跑）　第一名　钟连基　赵秉衡

女子

五十米　第二名　李媛芬　第三名　赵云珊

百米　第三名　赵云珊

跳远　第一名　李媛芬

四百米替换（接力跑）　第二名　李媛芬　赵云珊

良友图书印刷有限公司1933年2月出版的第五届《全国运动会图画专刊》报道了国立中山大学的李媛芬、赵云珊、张洁琼等女子运动员在第五届全国运动会上取得的成绩。其中，李媛芬获得跳远第一名（图6-4-3），张洁琼以6″9的成绩获得50米跑第一名（图6-4-4），图6-4-5是获得第五届全国运动会女子田径亚军的广东省女子田径队的合影。

图6-4-3　李媛芬获得第五届全国运动会跳远第一名

图6-4-4　张洁琼获得第五届全国运动会50米跑第一名

图6-4-5　获得第五届全国运动会女子田径亚军的广东省女子田径队合影

第五届《全国运动会图画专刊》还刊登了游泳男子团体冠军获得者广东省游泳队的合影，如图6-4-6所示。

图6-4-6　获得第五届全国运动会游泳男子团体冠军的广东省游泳队合影

体育劲旅，名扬海外

1933年第9卷第33期的《天津商报画刊》报道了参加第五届全国运动会100米跑的国立中山大学学生运动员钟连基，如图6-4-7所示。

图6-4-7　百米健将钟连基

1933年10月出版的《申报·全国运动会纪念特刊》刊登了参加第五届全国运动会200米接力赛的国立中山大学女选手李媛芬、许桂馨、金秀珍、赵云珊（从右至左）的合影，如图6-4-8所示。

图6-4-8　李媛芬、许桂馨、金秀珍、赵云珊合影

1933年第972期的《图画时报》刊登了获得第五届全国运动会游泳团体冠军的女选手合影。图6-4-9中，从右至左分别是陈玉辉、袁佩娴（国立中山大学）、伍舜英、陈焕琼、袁佩璋（国立中山大学）。

图6-4-9　陈玉辉、袁佩娴、伍舜英、陈焕琼、袁佩璋合影

1935年9月30日《国立中山大学日报》第5版的《本校被选出席第六届全运会代表准给假练习》一文，充分说明了国立中山大学对全国运动会的重视：

> 第六届全国运动大会，定期10月10日，在上海举行，本省早经挑选运动选手，严加训练，其成绩合格者，选为本省正式代表，出席第六届全国运动会。本校昨接广东省参加第六届全国运动会委员会函称：现查贵校运动员赵秉衡，陈福添，赵辉，陈昆年，黄英杰，曹绍辉，赵云珊，李媛芬，金子章，黄纪良，马元巨，郭琪玮，鲍以薇，马庆新，李福申等十五人，参加训练，成绩及格，均被选为本省正式代表，并定于九月九日开始第三期训练，兹特附上时间表，请准予赵君等到场练习公假至本月底止，为荷！学校接函后，业经准于照给公假，以资练习，并经函复该

体育劲旅，名扬海外

会查照。

1935年6月的《全国运动会图画专刊》报道了第六届全国运动会。其中，图6-4-10是获得女排亚军的广东省女子排球队的合影，队员中有来自国立中山大学的鲍以薇、马庆新；图6-4-11是广东省女子田径队的合影，队员中有来自国立中山大学的赵云珊、张洁琼、李媛芬。

图6-4-10　参加第六届全国运动会的广东省女子排球队合影

图6-4-11　参加第六届全国运动会的广东省女子田径队合影

良友图书印刷有限公司1935年6月出版的第六届《全国运动会图画专刊》刊登了获得女子400米接力赛冠军的广东队合影。图6-4-12中，从左至右分别是李媛芬、余尚英、赵云珊、张洁琼，其中，李媛芬、赵云珊、张洁琼是国立中山大学的学生运动员。

图6-4-12　获得第六届全国运动会女子400米接力赛冠军的广东队合影

第六届《全国运动会图画专刊》还刊登了获得第六届全国运动会足球第三名的广东足球队的合影，如图6-4-13所示。国立中山大学的黄纪良正是其中一员。

图6-4-13　获得第六届全国运动会足球第三名的广东足球队合影

体育劲旅，名扬海外

第五节 参加远东运动会（1925—1934年）

远东运动会，原名"远东奥林匹克运动会"，是20世纪初由菲律宾、中国、日本发起和参加的一项地区性国际比赛，最后两届赛事先后有印度、荷属东印度（即印度尼西亚，1945年独立）和越南参加。1913—1934年，分别在菲律宾、中国、日本三国举办了十届远东运动会。1920年，远东运动会被国际奥委会正式承认。由于当时亚洲的体育水平普遍很低，因此，远东运动会就代表了整个亚洲的体育水平，被看作亚运会的前身。1934年，由于日本坚持把伪"满洲国"拉入远东运动会，中国提出抗议并宣布退出远东运动会，远东体育协会随即宣告解体，远东运动会亦随之停办。

在历届远东运动会上，中国足球队获得了9次冠军，排球队获得了5次冠军，篮球队获得了7次亚军，田径、游泳、棒球、网球等项目成绩不佳。1915年5月15—22日，第二届远东运动会在上海举行，广东省选出16人参赛，其中，广东高等师范学校3人、培英中学4人、南武中学3人、岭南学堂6人，中国获得排球、足球冠军。[1]

1927年4月4日《国立中山大学日报》第8版的《本校体育近况》一文，介绍了国立中山大学参加第八届远东运动会的准备情况：

> 本校奉令停课改组，而全校体育办事处，自然受同一支配，停止办公。昨开学后，而校中关于体育如何办理，一时未及公布。学生会体育特项委员特选派代表往谒委员会，请示办法。又以远东运动会于五六月间将在沪举行开会，不能不先事准备。关

---

[1] 广东省地方史志编纂委员会编：《广东省志·体育志》，广东人民出版社2001年版，第18页。

于各种训练均乏人指导，故拟先请委员会复聘前学期之体育讲师赵善性郭颂棠等同校担任训练。委员会为应学生之需求，随即聘邝秉纲赵善性郭颂棠三先生为体育正副指导员云。

1927年第18期的《良友》杂志刊登了获得第八届远东运动会排球冠军的中国排球队合影，如图6-5-1所示。队员中，有来自国立中山大学的李仲生、黎连楹。

图6-5-1　获得第八届远东运动会排球冠军的中国排球队合影

1930年6月12日《国立中山大学日报》第4版的《参加远东运动大会获得排球锦标，本校选手昨日返校》一文，报道了参加第九届远东运动会的国立中山大学选手返校的消息：

> 本校排球选手黎连楹，李福申，朱祖成，黄炳坤，梁朝汇，马元巨，游泳选手龙荣轼等，自全国运动大会闭幕后，以成绩优异，当选为中华代表参加第九届远东运动大会，经数日之苦战，荣获大会男子排球锦标，为国争荣，居功至伟！本月一日远运会结束，我校选手由指导员赵善性君率领南返。

体育劲旅，名扬海外

良友图书印刷有限公司 1930 年 6 月出版的《第九届远东运动会特刊》，专刊报道了第九届远东运动会。其中，图 6-5-2 是中国队入场的照片；图 6-5-3 是获得男子排球冠军的中国男子排球队合影，其中，来自国立中山大学的队员有黎连楹、伍永钦、朱祖成、李福申、黄炳坤、马元巨、梁朝汇，来自私立岭南大学的队员有曹廷赞、徐亨，教练赵善性是国立中山大学的教员；图 6-5-4 是中国田径队的合影。

图 6-5-2　中国队入场

图 6-5-3　中国男子排球队合影

图6-5-4 中国田径队合影

1930年第579期的《上海画报》刊登了参加第九届远东运动会的广东女子排球队的合影(图6-5-5),其中,来自国立中山大学的队员有许桂馨、李粹美、卢惠娴、萧惠灵。

图6-5-5 参加第九届远东运动会的广东女子排球队合影

1934年5月8日《国立中山大学日报》第2版的《本校参加(第十届)远运会选手提名》一文,介绍了国立中山大学积极参加远东运动会的情况:

体育劲旅，名扬海外

全国体育协进会日前在上海开第十届远东运动会预选会，选派各项选手，代表我国参加此次远东运动会。查本校同学被选派参加此次运动会者，足球黄纪良。排球黄英杰，梁杰堂，李福申，黎连楹。女子排球孙织，萧惠灵，卢惠娴。田径赵式沂。又闻本校同学杨亨华，鲍励亦被加派为游泳选手云。

良友图书印刷有限公司 1934 年出版的《第十届远东运动会特刊》刊登了参加第十届远东运动会的中国女子排球队合影（图6-5-6），其中，来自国立中山大学的队员有孙织、卢惠娴、萧惠灵。

图6-5-6 中国女子排球队合影

1934 年第 2 卷第 8 期的《民众远运画报专号》刊登了参加第十届远东运动会排球比赛的中国排球队的照片。图6-5-7是女排选手小像；图6-5-8是获得亚军的男排选手合影，其中，来自国立中山大学的队员有黄英杰、黎连楹、李福申、梁杰堂、丘广燊。

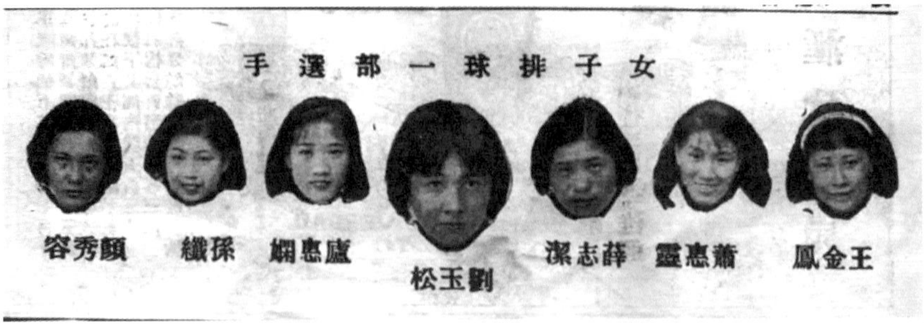

图6-5-7　参加第十届远东运动会排球比赛的女排选手小像

图6-5-8　获得第十届远东运动会排球亚军的中国男排合影

1935年第1期的《足球世界》杂志刊登了获得第十届远东运动会足球冠军的中国足球队队员小像（图6-5-9），第三排居中者为国立中山大学的黄纪良。

体育劲旅，名扬海外 第六章

图 6-5-9　获得第十届远东运动会足球冠军的中国足球队队员小像

图 6-5-10 是参加第十届远东运动会的中国足球队的合影，其中，守门员黄纪良来自国立中山大学，徐亨来自私立岭南大学。

图 6-5-10　参加第十届远东运动会的中国足球队合影①

---

① 图片来源于樑超风《论中国足球的第一根"救命稻草"》，《杂谈轶事》，https. www.a-site.cn/article/259373.html，2016 年 5 月 25 日。

表 6-5-1 是根据《历届远东运动会吾国足球选手名录》和《历届远东运动会吾国田径选手目录》整理的国立中山大学参加第七至十届远东运动会的运动员、教练员名单。

表 6-5-1　国立中山大学参加第七至十届远东运动会的运动员、教练员名单

年份	届别	参赛项目	运动员	教练员
1925 年	第七届	田径	黄炳坤	—
		排球	李仲生、黎连楹	
1927 年	第八届	田径	黄炳坤、钟连基	赵善性
		排球	李仲生、黎连楹	
		游泳	龙荣轼	
1930 年	第九届	男排	黎连楹、李福申、黄炳坤、马元巨、梁朝汇、伍永钦、朱祖成	赵善性
		女排	许桂馨、李粹美、萧惠灵、卢惠娴	
		游泳	龙荣轼	
		田径	钟连基（代表上海）	
1934 年	第十届	足球	黄纪良	—
		田径	赵秉衡	
		男排	黄英杰、梁杰堂、李福申、丘广燮、黎连楹	
		女排	孙织、萧惠灵、卢惠娴	
		游泳	杨亨华、鲍励	

第六节　参加柏林奥运会

1936 年柏林奥运会有来自 49 个国家的 3963 名运动员参加比赛，其中男选手 3632 人，女选手 331 人。本届奥运会共设 19 个大项的

129个小项比赛，首次将篮球、皮划艇和队式手球列入比赛项目，马球则是最后一次在奥运会上露面。中国共派出69名运动员（包括女运动员2名），参加了田径、游泳、举重、拳击、自行车、篮球和足球6个大项的比赛，均未取得复赛资格。

据《广东省志·体育志》记载，中国派出了69名运动员参加柏林奥运会，其中，广东籍运动员28名。① 这28名运动员见识到了外国人对中国的各种各样的态度，或是嘲笑，或是震惊，在他们心中打下了别样的烙印。奥运会上的所见所闻，无疑是激励中国运动员回国后不断努力的动力。其中，国立中山大学的黄英杰、黄纪良，以及私立岭南大学的司徒光，为中国体育史创造了历史性的纪录。

黄英杰来自国立中山大学农学院，参加田径大项中的跨栏项目；黄纪良来自国立中山大学英文系，是中国足球队的守门员；司徒光来自私立岭南大学，参加田径大项中的跳远和三级跳远两个项目。可惜的是，司徒光、黄英杰因为长途奔波劳累，在预赛中并没有达到跳远、跨栏的晋级标准，最终没能进入复赛②；中国足球队在预赛（淘汰赛）中遇上英国队，以0∶2告负。

1936年5月22日《国立中山大学日报》第4版的《本校赴平参加世运训练营学生》一文，介绍了黄英杰、赵式沂（秉衡）两位同学参加在北平（今北京）举办的奥运会预选赛的情况：

高栏成绩破全国纪录

去月二十日，本校被选赴平参加世运会田径训练营学生，计有农学院一年级黄英杰，法学院三年级赵式沂二君。黄君练习远跳、高栏，赵君练习短途赛跑。昨据北平电讯，该营于十八日下午四时在清华大学举行第四次测验，高栏一项，黄英杰君十六秒，打破全国之纪录。

---

① 广东省地方史志编纂委员会编：《广东省志·体育志》，广东人民出版社2001年版，第810页。

② 广州市体育运动委员会编：《广州体育志》，广州市体育运动委员会1995年印，第49页。

1936年第542期的《世界画报》刊登了一张名为"世运会中国田径训练班在清华大学"的照片,报道了参加柏林奥运会预选赛的田径选手在清华大学的合影,图6-6-1中,后排左一为清华大学体育教师马约翰,右五即黄英杰。

图6-6-1　参加柏林奥运会预选赛的田径选手在清华大学的合影

1936年第3卷第9期的《勤奋体育月报》报道了出席柏林奥运会田径预选赛的老将与新人,图6-6-2中,从左至右分别是刘长春、傅金城、黄英杰。

图6-6-2　刘长春、傅金城、黄英杰合影

体育劲旅，名扬海外

1936年第117期《良友》杂志的《中华劲旅点将录》专栏，介绍了参加柏林奥运会的选手，图6-6-3中，左一为来自国立中山大学的黄英杰。

图6-6-3 《良友》杂志对参加柏林奥运会的选手的介绍（节选）

1936年9月6日的《世界运动大会图画特刊》刊登了《中华代表团全体团员名单》，如图6-6-4所示。其中，足球代表队中有来自国立中山大学的黄纪良，田径代表队中有来自国立中山大学的黄英杰、来自私立岭南大学的司徒光。

图6-6-4 参加柏林奥运会的中华代表团全体团员名单

1936年第30期的《美术生活》刊登了德国华侨、留学生在柏林码头、街道上欢迎中国体育代表团抵达柏林的情景，如图6-6-5所示。

图6-6-5　中国体育代表团抵达柏林时，受到德国华侨、留学生的欢迎

图6-6-6是参加柏林奥运会的中国足球队合影，其中，站在后排正中的守门员黄纪良来自国立中山大学。

图6-6-6　参加柏林奥运会的中国足球队合影①

① 图片来源于槑超风《论中国足球的第一根"救命稻草"》，《杂谈轶事》，https. www.a-site.cn/article/259373.html，2016年5月25日。

第二编

1949—2020 年

第七章 火红年代，健康第一
（1949—1979年）

新中国成立后，国家将学校的体育工作规定为体育教学、课外体育活动、课余训练与竞赛，重点是增强学生体质。中山大学始终把增强学生体质放在重要位置，坚持传统项目、游泳教学、水上特色。

中山大学是教育部最早批准试办高水平运动队的高校之一，常年坚持业余体育训练，目前开展的重点运动项目有足球、排球、游泳、田径、击剑，普通运动项目有篮球、乒乓球、网球、武术、健美操、龙舟、跆拳道、定向越野等。

中山大学的群众体育工作特色是：第一，群众体育活动制度化。每年举行3月份的马拉松接力跑、4月份的马拉松个人跑和龙舟比赛、5月份的"五四杯"排球赛和"康乐杯"足球赛、6月份的游泳赛、10月份的"三好杯"篮球赛、11月份的校庆运动会、12月份的广播体操比赛和冬春季越野跑等全校性体育活动。第二，小型活动多样化。中山大学体育部配合校工会、团委、各学院开展内容丰富多彩、形式多样有趣的体育活动，使各层面的教职员工均有机会参与并乐在其中。第三，课余活动协会化。截至2020年，中山大学有各类体育协会和体育俱乐部65个，旨在为不同兴趣爱好的人群提供参与活动的选择，社团经常举办活动与比赛，教学活动与课余锻炼相得益彰。第四，群体体育工作采取计分制。各学院的体育委员、学校和各学院的学生会、团委、体育部群众体育组共同组成评比小组，负责登记、考察和评定工作。每学年终统计出各学院的总分及名次，将前8名评为群众体育工作先进集体，并给予奖励。

中山大学多次获得教育部和国家体育总局评定的全国普通高校体

火红年代，健康第一（1949—1979年）

育课程评估优秀学校、全国群众体育先进单位、贯彻《学校体育工作条例》优秀高等学校、全国高等院校课余训练试点先进学校等称号，连续七届获得全国大学生运动会的"校长杯"。

第一节　推广"劳卫制"，增强体质（1949—1959年）

据《广东省志·体育志》记载，1953年，广东各高校实行体育课为一、二年级必修课的规定。当时，中山大学的体育课属考查课目，只记合格或不合格。体育教学使用自编大纲，以介绍运动项目为主，旨在培养学生对体育活动的兴趣。体育课的任务是增强学生体质，使学生掌握体育的基本知识、基本技术、基本技能，并进行共产主义道德品质教育。体育教学大纲特别强调以田径和体操为基础，两者共占大纲课时数的60%～70%，球类、武术、游泳、活动性游戏只占较小比例。

1954年，国家体育运动委员会（以下简称"国家体委"）公布了《准备劳动与卫国体育制度》（以下简称"劳卫制"），里面的体育锻炼项目还有大量的军事训练内容，如射击、投掷手榴弹、武装泅渡等。《教育部、国家体育运动委员会、卫生部关于改进中小学体育工作的指示》（1955年）要求"以劳卫制为中心改进体育课和课外体育活动"，从此，"劳卫制"成了全国各高校体育教学和课外体育活动的主要内容。

《中山大学编年史（1924—2004）》介绍了20世纪50年代中山大学体育的组织机构、竞赛情况：①

　　1951年9月　中山大学机构经过调整，负责人如下：校长

---

① 易汉文主编：《中山大学编年史（1924—2004）》，中山大学出版社2005年版，第56～68页。

许崇清，副校长冯乃超，……教务长王越，总务长黄祖培，……图书馆馆长吴文晖，……教工会主席楼栖，……中文系主任王起，……体育系主任袁浚……

1953年　第二次院系调整后，全校设4个教研室，9个教研组，21个教学小组……体育教研室主任郭刁萍。

12月　设立全校统一的领导机构——体育运动委员会。

1955年1月20日　中山大学校务委员会（学术委员会）成立。委员会成员如下：主任许崇清，副主任冯乃超、龙潜，……委员王越、王起、郭刁萍等。

1956年3月　全国大学生体育协会中山大学理事会成立。

4月　全校第一届教工运动会举行。

1959年2月　我校航海队在广州市第三届人民体育运动会男子2000公尺荡桨比赛中，以11分38秒35的成绩打破了1957年第二届国际航海多项竞赛苏联运动员创造的12分10秒的世界纪录。男10000米荡桨比赛以52分35秒打破1958年第二届国际航海多项竞赛中国运动员创造的56分31秒的世界纪录。女子1000公尺荡桨也以6分24秒打破1958年全国航海多项竞赛山东运动员创造的6分42秒2的记录。

5月　我校划艇运动员关照根（舵手）和桨手李鼎文、蔡有德在男子双人划赛艇中，以8分16秒5的成绩，打破了美国运动员所保持的8分26秒1的世界纪录。

一、体育课及军事教育

20世纪50年代，中山大学体育部参加广东省教育厅统编高校教学大纲工作，同年推行新大纲，学习苏联经验。体育课程实行按学生体能分班教学的方式，设立体强班、普通班和体弱班。体育课的内容，不仅有田径、球类、游泳、体操等项目，还在广州市体育运动委员会（以下简称"广州市体委"）的配合下，开设航海、划船、跳水、摩托车、跳伞等项目，并开设相关俱乐部。1954年，国家体委

火红年代，健康第一（1949—1979年）

推广《准备劳动与卫国体育制度》，中山大学的体育教学积极结合"劳卫制"，重点增强学生体质。图7－1－1是中山大学医科档案馆保存的广州市体委1958年制作的"劳动和卫国"体育制度测验证。

图7－1－1　1958年，广州市体委制作的"劳动和卫国"体育制度测验证

图7－1－2至图7－1－11是中山大学档案馆保存的中山大学的学生进行体育活动的照片。

图7－1－2　学生在西大球场练习田径项目

图7-1-3 学生在西大球场练习投掷标枪

图7-1-4 学生在练习体操的吊环项目

火红年代，健康第一（1949—1979年） 第七章

图7-1-5　女学生在练习体操的平衡木项目

图7-1-6　学生在教师指导下，于西大球场体育器材室练习举重

图7-1-7 学生在中山大学北门附近的珠江江面练习航海项目,学校航海队曾在此项目打破世界纪录

图7-1-8 学生在教师指导下,在中山大学北门附近的珠江江面练习划船

火红年代，健康第一（1949—1979年）

图7-1-9 学生在教师指导下练习划个人艇

图7-1-10 学生进行摩托车训练、表演

图7-1-11 学生进行军训射击练习

二、课外体育与群众体育

中山大学的课外体育也在1954年国家推广"劳卫制"的过程中蓬勃发展。图7-1-12就是1955年中山大学中文系"劳卫制"锻炼小组进行长跑的照片。

图7-1-12　1955年，中山大学中文系"劳卫制"锻炼小组在长跑①

1958年，在"大跃进"的影响下，广东各高校也推行"四红运动"，即百分之百通过"劳卫制"、等级运动员、等级裁判员和普通射手的标准。为了实现"满堂红"，各高校大搞"突击达标""苦战夜战"。1959—1961年，各高校停止了"劳卫制"测验，体育课以体能消耗较少的广播操、太极拳或自由活动为主要内容，课外体育活动基本停止。

图7-1-13至图7-1-15是中山大学档案馆保存的中山大学师生进行体育运动的照片。

---

① 图片来源于广东省地方史志编纂委员会编《广东省志·体育志》，广东人民出版社2001年版，第94页。

火红年代，健康第一（1949—1979年）

图7-1-13 学生在"广寒宫"前做广播体操

图7-1-14 师生进行拔河比赛

图7-1-15 教工运动会上,教师推铅球

王则楚①是中山大学教工子弟,其发表在2016年《广州文博》第9辑中的《中山大学点滴回忆》一文,回忆了中山大学的教工体育活动,参与者中包括许多著名教授:

中大教工的体育活动

那个时候,中大的教授是经常参加体育运动的,体育教研室的老师也是非常受到尊重的。马民福教授他还是足球的国际裁判(注:是五十年代的国家级裁判),看到他在北京队与苏联火车头队(1956年苏联是奥运足球冠军)在越秀山体育场的比赛场上做主裁判的身影,我们中大子弟都很自豪。另外,郭习萍老师(注:体研室主任)是中大教工打网球的核心人物,只要他到场,许多老师都会去打网球。当年中大的网球场就设在爪哇堂东边的小土坡上,球一旦打到外头,就会顺着坡流到远处。

我父亲王起是网球爱好者之一,每次他去打球都带着我去捡

---

① 王则楚是广东省人民政府参事。其父王起教授是戏曲专家,自1947年起,历任中山大学文学院院长、中文系主任,全国政协委员,民盟广东省委副主委。

第七章 火红年代，健康第一（1949—1979年）

球。可以看到两个网球场都是人在围观，一局打下来，输了就换人。一到下午4:30或5:00，妈妈会提醒伏案工作的父亲，该打网球了。并且会把球拍都准备好递给他。我要是在家，她就会让我跟着去捡球。那时父亲打起网球是全场奔跑的，对方回球高了，他甚至会跑到网前跳起来，高高地举起球拍，把球扣下去。球是赢了，但弹起的球越过后面的拦球网，捡球的我就要跑很远了。另外，挡球的时候居然也有像削球一样，把球挡回去，对方往往会回球落网。至于左右前后的调动，则是他们常见的打法，跑不动了，只好认输。每每打完球回家，洗完澡，端起酒杯，品尝母亲做的下酒菜，父亲一天的忙碌都烟消云散，一副满足的样子，给我留下深刻的印象。

游泳是中大教工最喜爱的运动。当时中大在江边有两个木板围起来的水泥池子，还有一个水泥的小池子在水厂下面、现在北门一进门的池子的西南角。教工主要在水泥池子里游泳。但池子小，真正喜欢游泳的就宁可到珠江里去游。我和戴念坪、詹叔夏都是经常一起约着去珠江游泳的小伙伴。我们经常看到中文系的赵仲邑先生，他总是在江水涨到最高的时候出现在码头，在水文站的台阶上活动一下就向着江中心游去，十分熟练，游得悠闲自在。

此外，姜立夫先生（注：数学家）夫妇，每天傍晚总是一起散步在东南区的石板路上，从门口出来，左转到图书馆前的草坪，一直走到黑石屋前，慢慢绕回到护养院的坡上，天天如此，年复一年，那种温馨、那种飘逸，让人难忘。

至于容庚（注：古文字专家）老先生，更是老当益壮，经常是骑自行车在校园里转，无论是他办事到西北角的市场、书店、邮局，还是到中文系所在的数学楼办事或给学生上课，他都骑自行车，你都可以看到他一头白头发在自行车上飞驰的样子。

那时候，不仅中大教工重视体育活动，而且学校也为教工的体育活动提供了许多方便。其他不说，那时候中大的码头有舢板可以供教工借用，在珠江划着舢板，是很让人向往的。另外在西大球场和东大球场两边，都建立了体操房，可以练杆铃、练翻跟斗等等。

中大教工还重视子女的体育。当时陈心陶教授（注：寄生虫学专家）的二女儿还获得过全国自行车女子竞速赛的冠军，大红的锦旗挂在家里显著的位置，真让人羡慕。张维持教授的女儿还是省游泳队的运动员。

中大的教工运动会

当时，中大每年都要举办全校性的田径运动会，而且同时举行教工运动会。教工运动会分青年组、中年组和老年组。老年组的项目有许多，虽然也有一些和今天往往是玩的持球跑之类的项目，但更多的是正规的田径比赛项目。1956年的教工田径运动会是在西大球场举行的。跳高比赛是很吸引人的。当年写了中大学生生活长篇小说的、一个姓刘的老师，用剪式跳出了1.7米以上的成绩，是很不错的啦。而其他组别的跳高都还是跨越式。还有三级跳的项目也让人耳目一新。当然，也有60米、100米和4×100米接力这些项目。投掷类的铁饼、铅球和标枪，让大家在球场边上看得很开心。

我父亲参加老年组的铅球，反身托球、跨步向前，转身跃起推球，一气呵成，夺得老年组的冠军。当年中大校报还刊登了他跃起推球那一刹那的照片。不知现在还能不能找得到。而容庚先生老当益壮，参加自行车的60米竞速赛，同样也获得冠军。

总之，体育运动在中大教工里是非常活跃的。我写下我的所见所闻，留下一点记忆，但愿能够引起更多的回忆，把这个传统发扬光大。

三、校队训练与竞赛

20世纪50年代，中山大学有田径、游泳、足球、排球、篮球、体操等项目运动队，常年坚持训练，取得了很好的成绩，还参加了很多比赛。图7-1-16至图7-1-20是中山大学档案馆保存的照片，

火红年代，健康第一（1949—1979年）

记录了20世纪50年代的广州高校田径运动会上，中山大学田径队运动员们的英姿。

图7-1-16　中山大学与华南工学院的运动员在冲刺

图7-1-17　运动员在起跑

图7-1-18　运动员在跨栏

图7-1-19 运动员在跳高

图7-1-20 运动员在撑竿跳高

火红年代，健康第一（1949—1979年）

四、苏永舜和马民福

20世纪50年代，中山大学的各项目运动队培养了一批优秀的学生运动员，包括足球名宿苏永舜等；同时，也涌现了国家级足球裁判马民福副教授等体育教师。

苏永舜，1952年考入中山大学生物系，在校期间就入选国家足球队。退役后，苏永舜相继担任广东足球队主教练和中国国家足球队主教练（图7-1-21）。他执教的广东足球队在20世纪70年代两度拿到全国冠军，是"南派足球"风格走向成功的缔造者。

图7-1-21 中国国家足球队主教练苏永舜（右一）①

苏永舜带领的国家队将星如云，许多人后来成为国家队或各地方足球俱乐部的教练，如容志行、沈祥福、古广明、陈熙荣等。

1982年西班牙世界杯亚大区预选赛中国队成员名单：

领队：徐寅生

副领队：年维泗、杨秀武

教练：苏永舜、张宏根、胡之刚

前锋：沈祥福、古广明、吴育华、李福宝、杨玉敏、徐永来、黄

---

① https:// baike. baidu. com/item%E8%8B%8F%E6%B0%B8%E8%88%9C6064876fr= aladdin。

军伟

前卫：刘利福、左树声、容志行、陈金刚、陈熙荣、黄向东

后卫：蔡锦标、林乐丰、刘志才、臧蔡灵、王峰、迟尚斌、刘承德

门将：李富胜、许建平、杨宁

中山大学体育部副教授马民福（1916—1966），广东台山人，毕业于华南联合大学（广西）体育系，1951年任广州市足球队领队兼教练，1956年任广州市足球协会主席。20世纪50年代，马民福带领广州市足球队组织各种足球比赛，培养和发现了不少足球人才。他在中国足球界非常活跃，有很大的影响力。

马民福于1958年成为中国首批20名国家级足球裁判之一（图7-1-22、图7-1-23），主持了许多重大足球比赛。例如，在1959年举行的第一届全国运动会中，足球决赛由解放军队对阵河北队，解放军队获得冠军，主裁判就是马明福。由于业务能力强、组织足球工作成绩突出，马民福于1966年调至国家体委工作，遗憾的是当年突发心脏病去世，终年50岁。

图7-1-22 马民福的裁判证书首页

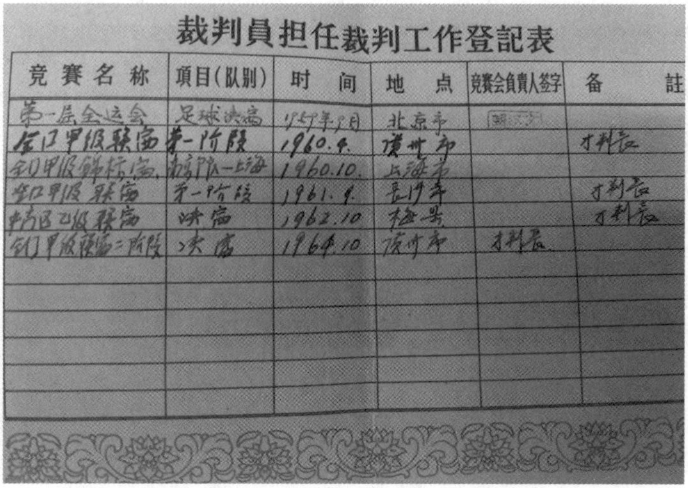

裁判員担任裁判工作登記表

竞賽名称	項目(队别)	时间	地点	竞賽会負責人签字	备註
第一届全运会	足球决赛	1959年9月	北京市		
全国甲级联赛	第一阶段	1960.4.	广州市		裁判长
全国甲级锦标赛	南京队—上海	1960.10.	上海市		
全国甲级联赛	第一阶段	1961.4.	长沙市		裁判长
中南区乙级联赛	决赛	1962.10	梅县		裁判长
全国甲级联赛二阶段	决赛	1964.10	广州市	裁判长	

图 7－1－23　马民福的裁判证书第二页

笔者曾专程拜访马民福的女儿马慕兰，据她回忆，当年她随爸爸去北京观看第一届全国运动会的足球比赛，与广东代表团一起住在国家体委招待所，看见爸爸与郑凤荣、陈镜开、荣国团等人谈话交流，贺龙也曾与爸爸聊天。

马慕兰回忆说，生物系的学生苏永舜与爸爸的关系非常好，经常到我们家里来，还带女朋友来我们家。他后来入选国家足球队，也成为国家足球队著名教练。1957—1958 年，匈牙利足球队曾来中山大学西大球场集训，还有巴西、黎巴嫩、越南、朝鲜等足球队来广州训练比赛。中国足球队也来中山大学球场训练，打热身赛，在《中大童缘》一书中有不少观战纪录。

据马慕兰回忆，当年，担任中国足球队教练的匈牙利人安倍尔·尤瑟夫（1954—1959 年担任中国足球队教练）带领中国足球队在中山大学训练时，与马明福结下友谊，尤瑟夫的夫人还赠送了一些礼品给马明福的夫人。

图 7－1－24 和图 7－1－25 是马民福老师子女提供的照片，其中，图 7－1－24 是他带领广州市足球队参加中南足球比赛时的照片。

1951 广州

这是马民福先生在1951年带领广州市足球队参加中南足球比赛在越秀山体育场的入场式,彼时他是广州队的领队兼教练。1956年,先生担任首任广州市足协主席,次年成为首批国际级足球裁判。

图7-1-24 马民福带领广州市足球队参加中南足球比赛

图7-1-25 马民福副教授

彭敏是中山大学教工子弟,小学时曾与苏永舜、马民福老师合影(图7-1-26)。他回忆自己在中山大学附属小学足球队时,苏永舜经常过来辅导足球训练。以下是他对马民福老师的回忆①:

> 在康乐园球场踢球多年,带球、传球、停球、射球的基本功逐渐掌握。这踢球,除了自个儿琢磨、大伙儿切磋、多练多踢外,还得有高人指点,技术提高才快。马民福先生是中大体育教研室的老师,国家级足球裁判,经常在越秀山体育场执判高水平的足球赛。马老师住宅毗邻附小,工作之余,他会到附小球场看小学生踢球,时不时点拨两句,秀一下脚法。有一次,我和朱巨文等人正在练习射门,由黄金水守门。马老师在场边观察了一阵,走向前来,指导我们如何用正脚背发力射球,并现场演示。只见他助跑两步,绷紧脚弓一踢,球儿如炮弹般疾飞球门左上角,金水望球兴叹,众同学齐声叫好。

---

① 蔡宗周主编:《中大童缘 下 童年篇》,中山大学出版社2014年版,第282页。

火红年代，健康第一（1949—1979年）

图7-1-26 彭敏回忆苏永舜与马民福

第二节 水上体育项目，南方特色（1960—1969年）

1964年，我国把"劳卫制"修改为《青少年体育锻炼标准》，广东部分高校先行试点。同年，广州地区高校体育运动委员会成立，负责组织体育教学、科研交流活动和群众体育活动。1966—1971年，体育课停课，教师下放"干校"锻炼。

《中山大学编年史（1924—2004）》介绍道：

1962年 学校对各系系主任进行了调整。其中，体育研究室郭刁萍。

1963年 中山大学党、政、教学组织及人数情况显示，体育教研室教师16人，干部2人，教辅2人，工人2人。

1964年 全校公共马列主义理论课和体育课分别由马列主

义教研室和体育教研室担任。马列主义教研室直属党委领导,体育教研室直属学校领导。①

此时期中山大学的体育课以水上运动为重点,体现南方特色。1961年,中山大学体育教研室全体教师到鼎湖山教工疗养院集体编订新的体育教学大纲,确定了中山大学体育以水上运动为重点(水上运动课时占新大纲总课时的30%以上),增加航海多项竞赛的荡桨、八人赛艇等新内容;开设二年级专项课,包括简易潜水、游泳、体操、篮球、足球等项目,学制一年。在新大纲推行的同时开展观摩教学和公开教学活动,让兄弟院校来校看课和评课,以提高教学规范性和质量,形成了中山大学体育教学重视规范、教学严谨的传统。

图7-2-1是20世纪60年代,中山大学民兵野营时,在从化县(今广州市从化区)红江公社与当地贫下中农进行篮球比赛的照片,由中山大学档案馆保存。

图7-2-1 中山大学民兵与从化县红江公社的贫下中农进行篮球比赛

图7-2-2和图7-2-3是体育部原副主任王启光老师提供的1963年的中山大学篮球队合影和体育部教师合影。图7-2-2中,后排左四为郭刁萍,左五为王启光;图7-2-3中,后排左起分别是

---

① 易汉文主编:《中山大学编年史(1924—2004)》,中山大学出版社2005年版,第72~74页。

火红年代,健康第一(1949—1979 年)

丁凤堂、陈宗发、余洁芳、古汉荣、黎家赞、梁兆航,前排左起分别是郭刁萍、王启光、杨世昌、刘守光、黄宝霞、王淑芳、马民福、梁祯祥。

图7-2-2 1963 年,中山大学篮球队合影

图7-2-3 1963 年,中山大学体育部的14 位老师合影

图7-2-4是中山大学体育部王淑芳老师提供的60年代中山大学体育部教师合影，前排左起分别是马民福、梁兆航、王淑芳、—①、黄宝霞，后排左起分别是余洁芳、—、王启光、—、古汉荣、陈宗发、刘守光、杨世昌、郭刁萍。

图7-2-4　60年代的中山大学体育部教师合影

中山大学体育部在20世纪中后期的体育理论课中，介绍了一个学生会体育部长的典型，即生物系的李宝健。

李宝健，1933年8月29日出生于上海，祖籍广东中山小榄，其父李廷安于1929年获哈佛大学哲学博士学位。李宝健于1951年考入中山大学生物系，品学兼优，1955年毕业后留校任助教，1961年在苏联列宁格勒国立大学获副博士学位。1957年，李宝健在莫斯科国立大学聆听了访苏的毛泽东主席给中国留学生做的报告，深受鼓舞。1962年起，李宝健在中山大学任教，历任讲师、副教授和教授，博

---

① 经中山大学体育部老同志核对，这些体育部的集体外出留影中，有当地陪同人员一起合影，时日久远，有些人的姓名不可考，故用"—"表示。

士生导师，中山大学副校长兼研究生院院长，是我国著名的遗传学家及生物工程专家。

据中山大学体育教研室原主任梁兆航教授介绍，1966年7月16日，73岁的毛泽东主席畅游长江，历时1小时05分钟，此后，武汉开始举行群众性横渡长江竞赛，全国各地陆续开展江河湖海的游泳活动，广州市体委也组织了群众性横渡珠江活动。中山大学积极参与，组织学生在珠江游泳，并向广州市体委介绍了青年教师李宝健。李宝健擅长游泳，多次游到广州的珠江口再游回来，并称可以尝试从肇庆游到广州。此建议得到了广州市体委的支持，为了安全，广州市体委联系了船只及相关人员陪李宝健游泳。肇庆市在珠江的上游，距离广州110公里，李宝健用时约19个小时，顺珠江从肇庆游到了广州，在当时的广州产生了一定的影响力。

笔者在2021年11月专门拜访了李宝健教授，听取他介绍从肇庆游到广州的情况：

> 20世纪五六十年代，毛泽东主席多次横渡长江的消息，给全国人民树立了一个与大自然搏斗，坚持锻炼身体，更好地为人民服务的榜样。受此影响，有游泳基础的我开始进行长时间、长距离的游泳训练，数次参加中山大学组织的横渡珠江活动。我自己有时候也游到珠江口外（广州南沙港，距离中山大学约73公里）再返回，发现自己长距离游泳很轻松，感觉很好，就坚持了下来。后来就有了从肇庆游到广州的想法。
>
> 1966年秋天，天气晴朗，太阳当头，气候温和。我乘汽车去肇庆，吃完午饭，进行休息，下午四五点就从肇庆市码头下西江，开始向广州方向游泳。沿西江一直游下来，我基本保持顺江漂流的速度，没有大风大浪，游泳时感觉十分舒服，我也能够欣赏西江沿岸的风景，江中不时有船只经过，这种幸福感无法表述。其间也经过一些西江支流，我就加大力气游过去了。晚上，月亮照耀江面，我仍然坚持游泳，于第二天上午十一点半，游回到广州的中山大学北门码头。上岸后，相关人员"奖励"了我

一份炒粉，卖炒粉的大姐听说后，也热情地"奖励"了我一份炒粉。

我自己也不敢相信，这是一个创举。在当时，新闻报道说一个英国人游过英吉利海峡（33.8千米），媒体称他为英雄。中山大学地理系几位教授告诉我，他们测定，我从肇庆游到广州的距离（公路120千米），超过了那个游过英吉利海峡的英国人。

李宝健教授常年坚持游泳，曾获得广州市高校教工游泳比赛的第一名，80多岁了还坚持游泳锻炼。他经常鼓励年轻学子锻炼身体，磨炼意志，从而更好地服务社会。图7-2-5是李宝健家属提供的李宝健教授的照片。

图7-2-5　李宝健教授（左）

火红年代，健康第一（1949—1979年）

第三节　劳动与军训，体育"达标"（1970—1979年）

1970年，中国的高校陆续恢复招收工农兵学员，修复体育场地，编制体育课教学大纲。体育课主要围绕专项运动技术进行教学，也要突出提高学生的运动素质、体质健康。由于国家备战、备荒的社会需要，课外体育活动主要是劳动或军训。1975年4月，国家体委颁布了《国家体育锻炼标准条例》，各高校多围绕"达标"开展课外体育活动，其中包含军事体育项目，如投掷手榴弹、射击、武装泅渡等。

图7-3-1是王淑芳老师提供的20世纪70年代中山大学体育部教职员工合影。第一排左起分别是陆志勇（职工）、梁荣幸（职工）、林永升、谢章晋、丁凤堂、梁兆航、张元榜、陈向勇（摩托车教练）、一、曾昭铮、谈丰田，第二排左起分别是陈彪、李思、陈俊勇、王启光、周岳水、王汉灿、一、陈卓源、张希林、胡晓昆、一、祝颂光，第三排左起分别是刘展仁、兰桂英、赵娟华、梁红平、邓湘娣、陈金燕、黄羡仪、范婉芬、黄玉群、钟海鸥、黄宝霞、王淑芳、梁龙发、一。

图7-3-1　20世纪70年代体育部教职员工合影

图 7-3-2 和图 7-3-3 是中山大学档案馆保存的 20 世纪 70 年代中山大学运动员参加各项比赛时的照片。

图 7-3-2　中山大学女子排球比赛

图 7-3-3　广州高校游泳赛，中山大学运动员入场

图 7-3-4 和图 7-3-5 是中山大学体育部原主任周岳水老师提供的 1974 年广州高校游泳运动会的合影。其中，图 7-3-4 是中山大学游泳女队与老师的合影，前排左二是梁兆航教练，左三是郭刁萍主任，左四是周岳水教练；图 7-3-5 是中山大学游泳男队与老师的合影，前排左三是周岳水教练，左四是郭刁萍主任，左五是梁兆航教练。

火红年代，健康第一（1949—1979年）

图7-3-4 1974年，中山大学游泳女队与老师合影

图7-3-5 1974年，中山大学游泳男队与老师合影

图7-3-6是周岳水老师提供的1977年广东省高校游泳比赛中，中山大学游泳队的合影。

图7-3-6 1977年,中山大学游泳队合影

1978年,广州高校足球赛冠军中山大学足球队与波兰船员队进行了一场友谊赛,双方队员合影由马慕兰提供,如图7-3-7所示。图中,第二排左六是中山大学体育部主任郭刁萍,右四是教练梁龙发,右二裁判是马民福的儿子马服本。

图7-3-7 1978年,中山大学足球队与波兰船员队的合影

图7-3-8是数学与力学系1981级程斌提供的中山大学游泳队1977—1980级学生队员的合影。据程斌回忆,照片前排左起分别是

蔡湘君、陆迎音、赖霆霆、邬励军、贾眠沙，二排左起分别是孙雪梅、雷燕、胡晓梅、黄老师（其他学院教师）、一、周岳水、胡晓昆、冯咏梅、何菇、庄蓓；三排左起是任雪飞、陈硕慧等。

图7-3-8　中山大学游泳队1977—1980级学生队员合影

图7-3-9是中山大学体育部保存的中山大学1979级女排运动员的合影。

图7-3-9　中山大学1979级女排运动员合影

第八章 改革开放，时代潮头
（1980—1999年）

第一节 四年不断线，体育上台阶（1980—1989年）

1979年，教育部和国家体委联合颁布了《高等学校体育工作暂行规定》，教育部颁布了第一套全国《高等学校普通体育课教学大纲（试行草案）》。同年，广东省高教局制定了《广东省普通高等学校体育教学大纲》，强调了增强学生体质的要求；规定大学一年级进行体育基本课教学，二年级起按学生的个性、爱好、专长等进行体育选项课教学。中山大学在执行体育教学大纲的同时，对三、四年级学生采取"达标"计学分，将高年级学生的"体育锻炼标准的达标"纳入体育课，取得了很好的效果。

《中山大学编年史（1924—2004）》介绍了20世纪80年代的中山大学体育概况：[1]

> 1982年11月20日至21日　第二十三届广州地区高等院校田径运动会在我校举行。来自14所高等院校的540多名男女运动员，参加了34个项目的比赛。我校汪燕一人破了女子1500米和3000米跑两项记录。

---

[1] 易汉文主编：《中山大学编年史（1924—2004）》，中山大学出版社2005年版，第92～116页。

改革开放，时代潮头（1980—1999年）

1983年6月26日　广州地区高校第十二届学生游泳赛结束。我校男队获得3项第一名，并创造男子400米自由泳和200米蛙泳的高校纪录。

12月15日　我校师生近5000人下午在小礼堂前隆重举行冬春季长跑起跑仪式。

1984年6月9日　在广州高校武术邀请赛上，我校荣获男子团体第一名。

6月16日　在广州地区高校第十三届学生游泳赛中，我校女队团结拼搏，技压群芳，荣登冠军宝座。

1985年7月30日　在省第二届大学生运动会上，我校共获得金牌13枚、银牌16枚、铜牌8枚。

11月22日　我校被评为广州高校群众体育先进单位，并颁发奖金和奖状。同时被指定为1987年全运会期间各省市体育代表团参观的重点学校。

1988年5月29日　广州地区高校学生健美操邀请赛在我校举行，我校囊括全部项目金牌并获得团体总分第一名。

10月　国家教委选定我校为中国大学生体育基地。

12月11日　"英东体育中心"和"酒店管理培训中心"落成典礼隆重举行。中共中央顾问委员会委员任仲夷，荣高棠，全国政协常委王匡，广东省委副书记谢非，副省长卢钟鹤，广州市市长杨资元，副市长刘念祖等各级党政领导机关领导；霍英东先生及夫人等港澳地区知名人士、校友和我校师生6300余人参加典礼。

1990年3月　辛涛在广州地区高校第16届游泳运动会上打破7项省高校女子甲组游泳纪录。

6月23日至24日　在第17届广州地区高校游泳赛中，我校女子游泳队获团体总分冠军，实现了"六连冠"。在男子单项比赛中，我校获8项冠军。

一、体育课、体育教师

根据《广东省普通高等学校体育教学大纲》的要求,中山大学规定:一年级学生上体育基础课,包括田径、体操、篮球、排球、足球、游泳、武术七个项目;二年级起实行选项课。1980年开始,中山大学以二年级做试点,试行一学期选一次的选项课(不得重复选修),同时设立体育差生班、保健课。1984年,中山大学开始实行"四年不断线"的学分制,学生每年必须修得一个体育学分,此举获得了广东省教育厅的高度评价。1987年,中山大学成为第六届全国运动会(广州)群众体育重点参观交流学校。

图8-1-1、图8-1-2是程斌提供的中山大学20世纪80年代的体育课留影。图8-1-3、图8-1-4是王启光老师提供的中山大学20世纪80年代的体育课和军训照片。

图8-1-1 1983年,武术课教授"鸿雁出群"招式

改革开放,时代潮头(1980—1999年)

图 8-1-2 足球课留影,左二为梁龙发老师

图 8-1-3 20 世纪 80 年代的田径课

图 8-1-4 20 世纪 80 年代学生军训——射击

20世纪80年代，健美操运动风靡一时，中山大学的范婉芬、林永升等教师负责教授健美操选修课。图8-1-5是程斌提供的选修健美操课程的师生合影，前排落座者是范婉芬（左三）、林永升（左五）等教师，图8-1-6是王启光老师提供的范婉芬老师辅导学生练习健美操的照片。

图8-1-5　1982年选修健美操课程的师生合影

图8-1-6　1984年，范婉芬老师在学生宿舍旁边辅导学生练习健美操

图8-1-7是以健美操（圈）表演为底图的中山大学明信片，由中山大学体育部保存。

改革开放,时代潮头(1980—1999 年) 第八章

图 8-1-7　1984 年的中山大学明信片,底图为健美操(圈)表演

图 8-1-8、图 8-1-9 是王启光老师提供的中山大学 20 世纪 80 年代的体育教师合影。其中,图 8-1-8 左起分别为王启光、郭刁萍、丁凤堂;图 8-1-9 前排左起分别为李少辉、陈卓源、杨世昌、周岳水、邱成耀、胡晓昆、张曦林、陈彪、谢章晋、张元榜,后排左起分别为—、叶欣茹、祝颂光、梁荣志、林永升、王启光、梁祯祥、陈向勇(摩托车教练)、兰桂英、—、梁兆航、王淑芳、邓湘娣、陈金燕、黄羡仪、赵娟华、陈俊勇、—、曾昭铮、刘展仁。

图 8-1-8　1980 年,王启光、郭刁萍、丁凤堂在校运会上合影

图 8-1-9　1985 年，中山大学体育部教师在广州从化合影

1986 年，中山大学召开体育运动委员会会议，来自学校党政部门、工会、体育部、各院系的领导共同讨论了学校体育工作。图 8-1-10 是周岳水老师提供的中山大学校领导会见体育先进单位代表和积极分子的合影，前排中间为胡守为副校长（右九）、李宝健副校长（右十）、黄焕秋书记（右十一）、体育教研室梁兆航主任（右十二）等校领导。

图 8-1-10　1986 年，中山大学校领导会见体育先进单位代表和积极分子合影

二、群众体育活动

20 世纪 80 年代，中山大学的群众体育活动非常活跃，内容丰富多彩，有学校组织的各种比赛、各院系组织的各种活动，校工会、团

改革开放,时代潮头(1980—1999年)

委也举办各种体育活动,如田径、球类、广播操、武术等。

图 8-1-11 至图 8-1-13 分别是 1983 年、1984 年中山大学校运会的开幕式留影,其中,图 8-1-11 由中山大学体育部保存,图 8-1-12 和图 8-1-13 由周岳水老师提供。

图 8-1-11　1983 年校运会开幕式

图 8-1-12　1984 年校运会开幕式

图8-1-13 1986年校运会开幕式上的鲜花队

20世纪80年代,武术活动深受中山大学教职员工的欢迎,图8-1-14、图8-1-15是程斌提供的中山大学武术协会在20世纪80年代的活动照片。

图8-1-14 20世纪80年代的中山大学武术协会活动留影

图8-1-15 1982年,武术名家傅永辉为形意拳训练班授课

改革开放,时代潮头(1980—1999年)

1985年,中山大学生物系的蒲蛰龙院士、中文系主任楼栖教授欣然为中山大学武术协会题词,如图8-1-16、图8-1-17所示。

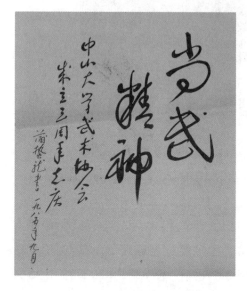

图8-1-16 蒲蛰龙院士为中山大学武术协会题词

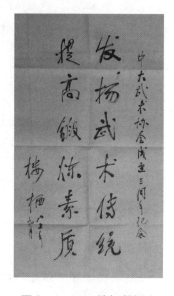

图8-1-17 楼栖教授为中山大学武术协会题词

图8-1-18是外语系1980级邓海桐拍摄的中山大学1980级学生跨栏比赛时的照片,图8-1-19是程斌提供的20世纪80年代的中山大学女学生进行排球活动时的留影。

图8-1-18 中山大学1980级学生进行跨栏比赛

图 8-1-19　20 世纪 80 年代的中山大学女学生进行排球活动时的留影

因为身处康乐园,所以中山大学的很多活动会冠以"康乐杯"之名,体育活动也不例外,如"康乐杯"足球赛。1982 年的"康乐杯"足球赛,外语系足球队获得了冠军,图 8-1-20 即中山大学外语系 1981 级曾志雄提供的冠军球队合影;1983 年的"康乐杯"足球赛冠军由数学与力学系获得,图 8-1-21 即程斌提供的数学与力学系足球队合影,图中学生包括阮意峰、马林、陈杰、苏瑞璋、周光耀、梁荣辉、廖健仪、冯捷、陈银翔、杨枫(1978 级,校队成员)、谭坚等。

图 8-1-20　1982 年"康乐杯"足球赛冠军外语系足球队合影

改革开放，时代潮头（1980—1999年）

图 8 - 1 - 21　1982 年"康乐杯"足球赛冠军数学与力学系足球队合影

图 8 - 1 - 22、图 8 - 1 - 23 是周岳水老师提供的中山大学 20 世纪 80 年代的群众体育运动留影。

图 8 - 1 - 22　1986 年，中山大学为迎接在广州举办的第六届全运会而举办的教工排球比赛

图 8 - 1 - 23　1989 年的中山大学游泳比赛

三、群众长跑与马拉松

1. 群众长跑

中山大学从 20 世纪 50 年代开始就举办群众长跑活动，因此具有良好的群众长跑传统，参与活动的既有学生也有教职工。中山大学既有每年春季、冬季的大型集体长跑活动，也有小型的院系长跑活动，还会派人参加广州市或各区、各街道组织的长跑比赛。

图 8-1-24 是参加 1983 年广州环市跑的中山大学师生合影，照片由中山大学化学系 1979 级王贵提供，部分人员名单由程斌提供。前排包括汪燕（数学系 1980 级）、卢俊伟（外语系 1981 级）、余新利（哲学系 1979 级）、黄小茉（化学系 1981 级）、陈雪隽（哲学系 1981 级）等，中排左起分别是张奕峰（物理系 1982 级）、谢章晋（教师）、张元榜（体研室副主任）、曾昭铮（体研室副主任）、杨世昌（教师）、杨为民（中文 1982 级），后排包括杨廷中（计算机系 1981 级）、李庆新（历史系 1980 级）、王贵（化学系 1979 级）等。

图 8-1-24 参加 1983 年广州环市跑的中山大学师生合影

1984 年，中山大学长跑协会成立后，举行了中区接力赛，化学系取得了这次接力赛的第一名。图 8-1-25 是程斌提供的中区接力赛留影。

改革开放,时代潮头(1980—1999年)

图 8-1-25　1984 年,中区长跑接力赛留影

图 8-1-26 是程斌提供的参加 1984 年广州元旦环市跑的中山大学长跑队合影。图中,前排左起分别是王贵(化学系 1979 级)、程适(化学系 1983 级)、梁祖初(外语系 1980 级)、矫军(物理系 1983 级)、张奕峰(物理系 1982 级),中排左起分别是李庆新(历史系 1980 级)、张元榜(体研室副主任)、刘源(化学系 1983 级)、谢章晋(教师)、张仁俊(教师)、曾昭铮(体研室副主任)、杨为民(中文系 1982 级)、窦盛源(化学系 1983 级),后排左起分别是司机、余小波(历史系 1979 级、火炬长跑队副队长)。

图 8-1-26　参加 1984 年广州元旦环市跑的中山大学长跑队合影

图 8-1-27 至图 8-1-30 是周岳水老师提供的中山大学 1985—1989 年冬季长跑的留影。每一年的冬季长跑,学校领导都积极参与并领跑。

图 8-1-27　1985 年中山大学冬季长跑,中山大学党委书记黄水生(前排中)等领导领跑

图 8-1-28　1986 年中山大学冬季长跑起跑仪式

改革开放,时代潮头(1980—1999年)

图8-1-29 1986年中山大学冬季长跑,李岳生校长、胡守为副校长领跑

图8-1-30 1986年中山大学冬季长跑,中文系、数学与力学系经过小礼堂

1987年,为了迎接将于1990年在北京举办的第11届亚运会,广州市海珠区新港街道举办了迎亚运越野跑,图8-1-31至图8-1-33是周岳水老师提供的这次越野跑的相关照片。

图8-1-31 起跑仪式在中山大学西大球场举行

图8-1-32 中山大学化学系代表队经过中山大学南门

改革开放，时代潮头（1980—1999年）

图8-1-33 中山大学体育部的陈卓源老师领跑教工队

2. 马拉松

中山大学的马拉松比赛开始于1984年，每年举办一届，包括马拉松接力跑比赛，至今已经成为中山大学的传统体育品牌赛事。

长跑好手、物理系1982级张奕峰在校友体育群里回忆道：

1983年广州市体委举办了第一届广州马拉松。1984年6月3日，中山大学举办首届马拉松跑，114人（含6名女生）参加，跑完全程者57人（含3名女生），其中：

男子——窦盛源（化学系1982级）、肖宏发（历史系1982级）、吴展生（哲学系1980级）、张奕峰（物理系1982级）。

女子——汪燕（数学系1980级）、谢致平（生物系1982级）、黄小荣（数学系1981级）。

长跑健将、物理系1981级李科敏回忆道：

1984年首届马拉松跑，只有1人跑进4小时内，比第二名快了1小时，我是第6名，跑了4小时26分钟。

图8-1-34是物理系1982级唐红林提供的参加中山大学第一届马拉松20人组接力赛的物理系长跑队的合影。

图8-1-34 参加中山大学第一届马拉松20人组接力赛的物理系长跑队合影

图8-1-35是获得1985年中山大学马拉松20人组接力赛冠军的化学系长跑队合影，照片和部分人员名单由程斌提供。图中，前排左起分别是谭欣（1982级）、冯波（1982级）、窦盛源（1982级）、杨蔚棠（1982级）、张震坤（1982级）、李攻科（1982级）、吴志丹（1983级）、何凤娟（1984级），后排左起分别是刘源（1983级）、钟作方（1983级）、程适（1983级）、钟俊文（1983级）、梁社律（1981级）、王贵（1979级）、—（学生教练，1983级硕士研究生）等。

图8-1-35 1985年中山大学马拉松20人组接力赛冠军化学系长跑队合影

改革开放，时代潮头（1980—1999年）

1985年5月20日的《中山大学校报》报道：

1985年中山大学第二届马拉松（42.195公里）跑于4月3日上午举行，52人参加，42人跑完全程。参加人数最多的是化学系、物理系、外语系。跑完全程最多的是化学系（8人）、物理系（7人）、外语系（6人）。

获得第一名的是第一次参加马拉松跑的数学系82级李华，成绩3:30′06″。有28人的成绩在4小时30分以内，去年比赛只有8人达到这个成绩。中文系的李茂洪，去年21名，成绩4:44′02″，今年获第二名，3:32′38″；长跑协会会长、外语系的卢俊伟，去年24名，成绩4:51′56″，这次第六，3:51′58″。

1989年3月16日，中山大学举办了第五届马拉松接力跑比赛，图8-1-36至图8-1-41是周岳水老师提供的关于这次赛事的记录照片。

图8-1-36　中山大学体育部副主任梁龙发老师发令

· 183 ·

图 8-1-37　裁判（右起）黄志荣、王峰、梁荣志、赵娟华、邱海源、邱成耀、杨世昌等合影

图 8-1-38　准备起跑

图 8-1-39　冲刺

改革开放,时代潮头(1980—1999年)

图 8-1-40 电子系长跑队合影

图 8-1-41 物理系长跑队合影

四、中山大学代表队的竞赛情况

中山大学代表队常年坚持训练和比赛,竞技实力在国内高校中有一定的影响力。中山大学还是1987年教育部批准试办高水平运动队的高校之一,20世纪80年代组织的高水平运动队有足球队、排球队、篮球队、网球队、田径队、游泳队。

图 8-1-42 是王启光老师提供的中山大学 20 世纪 80 年代的男

子排球队合影；图8-1-43是王淑芳老师提供的中山大学20世纪80年代的女子排球队合影，后排中间为体育部副主任丁凤堂，后排右一为教练王淑芳。

图8-1-42　中山大学20世纪80年代的男子排球队合影

图8-1-43　中山大学20世纪80年代的女子排球队合影

图8-1-44是社会学系1984级梁峰提供的20世纪80年代的中山大学田径队合影。

改革开放，时代潮头（1980—1999年）

图 8-1-44　20 世纪 80 年代的中山大学田径队合影

图 8-1-45 是程斌提供的 1981 年中山大学击剑队合影。图中，前排左起分别是欧进（中文系 1978 级）、何绍伟（中文系 1980 级）、陈小明（物理系 1978 级）、杨天鹏（物理系 1979 级）、李江南（中文系 1978 级），后排包括石玉美（中文系 1980 级）、赖霆霆（中文系 1980 级）、赵萍（中文系 1980 级）。

图 8-1-45　1981 年，中山大学击剑队合影

图8-1-46是程斌提供的1982年中山大学体操队合影。图中,前排左起分别是唐红林(物理系1982级)、林红(中文系1981级)、刘艳微(生物系1981级)、范婉芬(教师)、兰桂英(教师)、林静(经济系1982级),前排右一是梁奉慈(日语系1981级);后排左四是廖凯(物理系1981级),左五是黄志义(外语系1982级),左六是冯灼权(化学系1982级),右一是杨世昌(教师),右二是林永升(教师)。

图8-1-46 1982年,中山大学体操队合影

图8-1-47是生物系1979级黎军提供的中山大学游泳队1983年的获奖留影,前排左一为周岳水老师。

图8-1-47 1983年,中山大学游泳队获奖留影

改革开放,时代潮头(1980—1999年)

1984年,中山大学体操队参加了广州高校竞技艺术体操邀请赛,图8-1-48是中山大学体育部保存的参赛师生的留影。程斌提供了部分人员名单:前排左起分别是谢伟凡(中文系1984级)、陈文萍(中文系1983级)、冯丽华(法律系1983级)、麦洁华(气象系1983级)、郭慧珊(生物系1983级)、张宇(外语系1982级)、陈宝丽(化学系1982级);后排右三是范婉芬(教师),右四是张元榜(体研室副主任)。

图8-1-48 中山大学体操队参赛留影

1985年,中山大学参加了广东省第二届大学生运动会,游泳队分获男女第一名。其中,化学系的刘锦煊在四天的比赛中打破了六项广东省大学生游泳纪录:100米自由泳、400米自由泳、800米自由泳、200米蛙泳、200米个人混合泳、4×400米接力。图8-1-49是周岳水老师提供的中山大学游泳队参赛合影。

图 8-1-49　1985 年，中山大学游泳队参赛留影

图 8-1-50 是程斌提供的中山大学田径队参加广东省第二届大学生运动会时的合影。图中，后排右二是矫军（物理系 1983 级），右一是刘源（化学系 1983 级）；前排左一是何洁玲（经济系 1984 级），左二是黄敏华（经济系 1983 级），左三是谢致平（生物系 1982 级）。

图 8-1-50　1985 年，中山大学田径队参赛留影

改革开放,时代潮头(1980—1999年)

1985年5月26日的《中山大学校报》报道:

> 1985年,广东省第二届大运会,化学系83级刘源获得三枚金牌,打破两项全国大学生田径纪录:5000米(15′32″7)、10000米(34′0″6);又在男子3000米跑中以4′7″8的成绩创广东高校纪录,成为本届运动会田径比赛破纪录、夺金牌、拿分数(71分)、得奖金(650元)最多的运动员。

刘源从小喜欢运动,进入中山大学后从未间断长跑练习,1983年就获得化学系运动会1500米跑的冠军,同年在中山大学运动会中打破10000米跑的校纪录,成为风云人物。1983年的广州高校运动会,刘源以34′53″的成绩刷新高校10000米跑的纪录,又获得1500米跑冠军。1984年的中山大学田径运动会上,刘源以9′2″的成绩打破3000米跑的广东高校纪录,以15′43″的成绩打破全国大学生运动会5000米跑的纪录,被评为"精神文明运动员"。在1984年的广州环市跑比赛中,刘源名列前茅。

图8-1-51是程斌提供的刘源和矫军参加广东省第二届大学生运动会时的合影。

图8-1-51 1985年,刘源(右)和矫军(左)合影

2021年,在中山大学田径运动会的记录册上,刘源的名字和纪录赫然在列,他于1986年创造的10000米跑的校纪录33:32′5″,保持了30余年,仍没有人打破。

图8-1-56是程斌提供的中山大学足球队参加广东省第二届大学生运动会时的合影。图中,前排左起分别是叶维敏(物理系1984级)、韦诚(地理系1982级)、吴永杰(管理系1983级)、崔志勇(外语系1982级)、陆宇飞(生物系1982级)、孙兵(电子系1981级)、梁峰(社会学系1984级),后排左起分别是梁龙发(领队)、李刚(生物系1984级)、黎敏(电子系1982级)、廖志红(经济系1981级)、赖识渊(电子系1982级)、陈小军(地理系1982级)、陈松坚(法律系1983级)、杨枫(数学与力学系1982级硕士研究生)、李剑雄(外语系1983级)、李少辉(教练)、曾昭铮(体研室副主任)。

图8-1-52　1985年,中山大学足球队在西大球场合影

图8-1-53是程斌提供的中山大学篮球队参加广东省第二届大学生运动会时的合影。图中,从左到右分别是谭志峰(中文系硕士研究生)、梁斯惠(地理系硕士研究生)、陈晓(计算机系1982级)、蒲小双(电子系1982级)、立克(法律系1981级)、邱成耀(教练)、王晓辉(法律系1983级)、高海阳(电子系1981级)、张忆平

改革开放,时代潮头(1980—1999年)

(经济系 1984 级)、黄岩(数学与力学系 1983 级)、张春昉(中文系硕士研究生)。

图 8-1-53　1985 年,中山大学篮球队参赛合影

1986 年,中山大学游泳队参加广州高校游泳比赛,获得团体第一名。图 8-1-54 是周岳水老师(前排左一)提供的参赛人员合影。

图 8-1-54　1986 年获广州高校游泳比赛团体第一名的师生合影

1987年,中山大学足球队与香港浸会大学足球队进行了一场比赛,图8-1-55是王启光老师提供的两队合影,前排左一为梁龙发教练。

图8-1-55　1987年,中山大学足球队与香港浸会大学足球队的合影

图8-1-56是周岳水老师提供的中山大学田径队参加1989年广州高校田径比赛的师生合影。

图8-1-56　中山大学田径队参加1989年广州高校田径比赛的师生合影

1989年,广东省第二届"省长杯"大学生足球赛在中山大学举办,在图8-1-57(周岳水老师提供)中,后排左五为国家足球队原主教练曾雪麟,左七为曾宪梓。

改革开放,时代潮头(1980—1999年)

图8-1-57 参加广东省第二届"省长杯"大学生足球赛的中山大学足球队合影

图8-1-58是周岳水老师提供的中山大学健美队的合影。程斌提供了部分人员名单:前排右一是李郜(外语系1987级硕士研究生)、左二是陈诚德(管理学院1986级)、左三是徐迎斌(化学系1986级博士研究生)、中排左四是朱卫兵(历史系1987级硕士研究生)。

图8-1-58 中山大学健美队合影

第二节　教学、群体与竞赛出成果（1990—1999年）

20世纪90年代，中山大学的体育工作被列入学校"211工程"的8个建设项目之一。为此，广东省教育厅在中山大学召开了体育教学、群众体育经验交流现场会，介绍中山大学的经验。在20世纪90年代，中山大学先后获得"全国普通高校体育课程评估优秀学校"（1992年）、"全国高等院校课余训练试点先进学校"（1993年）、中华人民共和国第七届运动会"全国群众体育先进单位"（1993年）、"推行《国家体育锻炼标准实施办法》先进单位"（1996年）、"贯彻《学校体育工作条例》优秀高等学校"（1996年）、"全国体育卫生先进单位"（1999年）等称号。

在国家教育委员会（以下简称"国家教委"）的支持下，中山大学于1992年成立了中国大学生（中山大学）体育训练基地。

中山大学体育部从1993年起，编写和完善了《体育课教学大纲》等教学文件。在总结经验的基础上，于1998年组织编写了学校第一本体育教材《大学生体育教程》，由中山大学出版社于1999年出版。中山大学成为广东省最早拥有自己的体育教材的高校。

霍英东先生也支持了中山大学的国际体育交流活动。从1996年开始，霍英东教育基金会资助中山大学与美国春田学院的体育交流活动，建立了中美体育产业研究中心。

《中山大学编年史（1924—2004）》介绍了20世纪90年代的中山大学体育概况：[①]

　　　　1990年12月30日　中山大学举行英东体育中心落成两周

[①] 易汉文主编：《中山大学编年史（1924—2004）》，中山大学出版社2005年版，第115～149页。

改革开放，时代潮头（1980—1999年）

年庆祝活动。内容有两个：一是"话亚运，迎新年，共贺英东体育中心落成两周年"座谈会。邢芬、黄晓瑜、李桂莲、蔡盛六、梁三妹等14名广东、海南籍亚运金牌得主、美特公司员工代表和我校领导、师生出席座谈会；二是"庆祝英东体育中心落成两周年暨1991年元旦联欢晚会"，省领导方苞、省电视台台长刘炽参加晚会，广东电视台节目主持人侯玉婷、王泰兴等主持晚会。

12月　吴丽芬在第八届省运会的女子七项全能比赛中夺得金牌。

12月　我校学生身体素质和"达标"名列全省高校榜首。我校被评为"达标"先进单位。

1991年1月　我校男子足球队荣获广州地区大学生和广东省大学生"省长杯"足球赛"双料"冠军。

8月　在广东省第三届大学生运动会上，我校被评为"体育工作先进校"和"体育道德风尚奖"。

1992年11月15日　我校举行68周年校庆运动会暨曾宪梓南院奠基典礼。省委常委、秘书长黄华华，省政协副主席、省委统战部部长肖耀堂，全国人大代表、香港金利来（远东）集团有限公司董事局主席曾宪梓先生以及嘉宾、校友、有关单位负责人及中山大学领导和师生2000多人出席庆典。以中山大学香港校友联合会副会长陈耀华教授为团长的香港校友联合会代表团回校参加了68周年的校庆活动。

1993年11月10日至12日　我校陈志行教授在成都获得1992年国际电脑围棋赛冠军。

11月11日　我校举行庆祝中山大学建校69周年暨校田径运动大会。省人大常委会副主任谢颂凯等领导、嘉宾和我校师生3000多人参加庆典活动。

1994年7月22日至27日　在兰州举行的"第三届全国教授名人围棋邀请赛"上，我校化学系退休教授陈志行荣获冠军。

9月　在"第四届全国大学生击剑邀请赛"上，我校队员夺得4金2银。

9月 在广西大学举行的"全国大学生乒乓球锦标赛"上，我校袁梁杰获得男子单打冠军。

11月12日 我校隆重举行庆祝中山大学成立70周年大会暨校庆田径运动会开幕式和八项工程奠基典礼。全国政协副主席霍英东，有关方面负责人李灏、端木正、张孝文、陶遵谦，广东省负责人朱森林、林若、卢瑞华、卢钟鹤、于幼军、谢颂凯、肖耀堂，驻粤部队负责人张榛，新华社香港分社负责人郑国雄，老同志任仲夷、梁灵光，港澳和海外知名人士曾宪梓、熊德龙、孙穗芳等，以及海内外校友、嘉宾和中大师生1万多人参加大会。黄水生书记在会上宣读江泽民、李鹏、乔石、李瑞环等党和国家领导人的题词。曾汉明校长致开幕词。北大副校长李安模教授代表全国其他高校来宾向中大表示祝贺。朱森林省长、国家教委副主任张孝文发表讲话。

1995年4月7日 美国春田学院校长RANDOLPH W. BRONERY博士一行3人访问我校。

11月4日至5日 陈志行教授在汉城举行的国际电脑围棋赛中夺冠并两破让子纪录。

1996年10月30日 我校中文系学生许银川在全国象棋个人锦标赛以六胜五平积8.5分的成绩荣获冠军。

11月16日至17日 应氏杯国际电脑围棋赛在我校举行。我校化学系退休教授陈志行以全胜的战绩蝉联冠军。

1998年12月 我校五名同学代表中国队出征泰国参加第十三届亚运会并取得好成绩：曾启亮（哲学系）获男子100米蛙泳金牌；吴艳艳（外语学院）获女子200米混合泳金牌，4×100米混合泳银牌；阮怡（信科院）获200米蝶泳、4×100米混合泳银牌；余卓成（法律系）获3米跳板银牌；李圆圆（中文系）获花样游泳银牌。

改革开放,时代潮头(1980—1999 年)

一、体育课、体育教师

中山大学的体育课程先后获得各类奖项。例如,1991 年,范婉芬教授的"健美操"课程获广东省教学成果一等奖;1992 年,中山大学获得国家教委的全国普通高校体育课程评估"优秀学校"称号;1994 年,"大学体育"课程被批准为中山大学重点建设课程、于1996 年获批为中山大学优秀课程;1997 年,林永升教授的"十年磨一剑"(击剑课程)获中山大学优秀教学成果奖。

图 8-2-1 至图 8-2-4 记录了 20 世纪 90 年代中山大学体育课的情况。

图 8-2-1　1990 年,中山大学学生进行体能测验①

图 8-2-2　林永升教授开设的击剑课(中山大学体育部保存)

---

① 图片来源于广东省地方史志编纂委员会编《广东省志·体育志》,广东人民出版社 2001 年版,第 111 页。

图8-2-3 1988—1994年，周岳水老师开设的健身班合影（周岳水老师提供）

图8-2-4 时任体育部副主任张元榜老师的篮球课（王启光老师提供）

中山大学哲学系1982级罗雅新在校友体育群里回忆了一件趣事："张元榜老师擅长田径，游泳好像一般般，个子又不高。有一次上游泳课，他站在游泳池边给同学们讲解着动作要领，被我突然从背后推到游泳池里，呛了一大口水。因为平时关系好，他上来后也就只是用很不标准的普通话象征性地骂了一下。"

图8-2-5、图8-2-6是王启光老师提供的1990年中山大学体育部的教师合影。图8-2-5中，前排左起分别是周岳水、黄国斌、李思、梁荣志、李蓬、陆志勇、邱成耀、陈卓源、李静波、曾振豪、

改革开放,时代潮头(1980—1999年)

杨世昌、梁荣幸,后排左起分别是祝颂光、黄天德、张元榜、黄志荣、陈湛湘、张丽红、兰桂英、胡晓昆、王启光、一、冯莉、赵询、郭丽娟、伍月娉、赵娟华、林永升、刘展仁、王峰。

图8-2-5　1990年,中山大学体育部教师合影

图8-2-6　1990年6月,中山大学体育部教师合影

二、群众体育活动

图8-2-7、图8-2-8是中山大学体育部保存的武术协会在20世纪90年代的活动照片。

图 8-2-7 中山大学武术协会进行武术练习

图 8-2-8 武术名家傅文龙为中山大学武术协会演示"龙形八卦掌"

图 8-2-9 是王启光老师提供的中山大学学生进行军事体育训练的照片。

改革开放，时代潮头（1980—1999年）

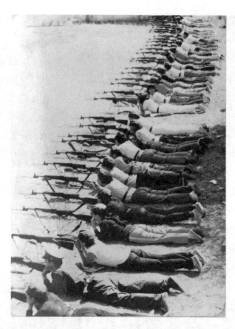

图8-2-9　20世纪90年代，中山大学学生进行军事体育训练（射击）

图8-2-10至图8-2-13是周岳水老师提供的1990年、1991年中山大学马拉松跑的照片。

图8-2-10　1990年，中山大学马拉松跑的起跑仪式

图8-2-11 1990年,中山大学马拉松跑起跑

图8-2-12 1991年,中山大学马拉松跑准备起跑

图8-2-13 1991年,中山大学马拉松跑起跑

改革开放,时代潮头(1980—1999年)

图 8-2-14、图 8-2-15 是周岳水老师提供的 1990 年中山大学冬季长跑的照片。

图 8-2-14　中山大学原副校长、行政学系夏书章教授等人领跑

图 8-2-15　物理系长跑队留影

1991 年,中山大学为支持北京申办 2008 年奥运会而举行了长跑活动,图 8-2-16 是周岳水老师提供的起跑仪式的照片。

图 8-2-16　中山大学支持北京申办奥运会长跑活动的起跑仪式

图 8-2-17 是周岳水老师提供的 1992 年中山大学运动会开幕式的照片。

图 8-2-17　1992 年，中山大学运动会开幕式

图 8-2-18 是周岳水老师提供的 1992 年中山大学广播体操比赛的照片。

图 8-2-18　1992 年，中山大学广播体操比赛

三、中山大学体育代表队及学生的竞赛成绩

20世纪90年代,中山大学的体育代表队及学生积极参加各项比赛,并取得了一定的成绩。

1990年,中山大学游泳队参加了第十七届广东省大学生游泳比赛,图8-2-19是中山大学体育部保存的中山大学游泳队的合影。

图8-2-19　中山大学游泳队参加第十七届广东省大学生游泳比赛

1991年,中山大学举办了首届国家教委直属综合大学健美操比赛,图8-2-20是周岳水老师提供的参赛队伍照片。

图8-2-20　中山大学举办首届国家教委直属综合大学健美操比赛

1991年，中山大学排球队在广东省第三届大学生排球比赛中获奖，图8-2-21是周岳水老师提供的中山大学校领导与排球队的合影。图中的校领导有副校长许学强、体育部周岳水主任和王启光副主任、教练梁荣志等。

图8-2-21 1991年，中山大学校领导与获奖的排球队合影

1991年，中山大学举办了全国大学生"星河杯"网球比赛，图8-2-22是中山大学体育部保存的网球比赛开幕式照片。

图8-2-22 1991年，全国大学生"星河杯"网球比赛开幕式

1993年，中山大学健美操队获得广州地区高等院校健美操比赛

一等奖，图8-2-23是周岳水老师提供的中山大学健美操队合影。

图8-2-23　1993年，中山大学健美操队获得广州地区高等院校健美操比赛一等奖的合影

中山大学足球队在1991—1993年的广东省高校"省长杯"足球赛中获得三连冠，图8-2-24是1994年中山大学颁发给足球队的荣誉证书。

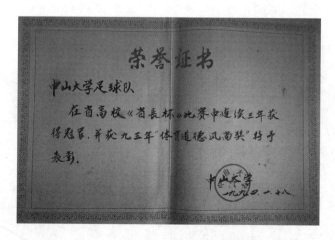

图8-2-24　中山大学足球队获得的荣誉证书

1994年，中山大学外语系学生钟帷月打破100米蛙泳世界纪录，

中山大学为其举办颁奖仪式,钟帷月的父亲钟南山、母亲李少芬出席仪式,霍英东先生奖励 2 万元。图 8-2-25 是周岳水老师提供的钟帷月与父母在颁奖仪式上的合影,其中前排右二为曾汉民校长。

图 8-2-25　钟帷月与父亲钟南山、母亲李少芬在颁奖仪式上的合影

1995 年,中山大学足球队获得全国大学生足球赛第三名,图 8-2-26 是李静波老师(左一)提供的中山大学足球队合影。

图 8-2-26　中山大学足球队获得 1995 年全国大学生足球赛第三名的合影

四、英东体育中心、中国大学生体育训练基地

1990年,为庆祝英东体育中心落成两周年,中山大学举行了联欢晚会,图8-2-27是周岳水老师提供的李岳生校长在联欢晚会上讲话的照片。

图8-2-27　李岳生校长在联欢晚会上讲话

1992年,经国家教委批准,中山大学建成中国大学生体育训练基地,图8-2-28是周岳水老师提供的曾汉民校长在中国大学生体育训练基地命名揭幕仪式上讲话的照片。

图8-2-28　曾汉民校长在中国大学生体育训练基地命名揭幕仪式上讲话

五、对外体育交流、围棋冠军陈志行

20 世纪 80 年代,中山大学开始了对外体育交流。1990 年,美国海上大学排球队来中山大学访问、交流,并与中山大学排球队在英东体育中心进行比赛。图 8 - 2 - 39、图 8 - 2 - 30 是中山大学体育部保存的两校排球队合影。

图 8 - 2 - 29　1990 年,美国海上大学男子排球队与中山大学男子排球队合影

图 8 - 2 - 30　1990 年,美国海上大学女子排球队与中山大学女子排球队合影

改革开放,时代潮头(1980—1999年)

陈志行(1931—2008)[①],广东番禺人,电脑围棋世界冠军(图8-2-31)。1952年于中山大学化学系毕业后一直留校任教,1978年任硕士研究生导师,1983年提升为正教授。陈志行曾任中国化学会计算机化学专业委员会委员、理科化学教材编审委员会(物理化学编审小组)委员。电脑辅助教学为其成功的研究,其开发的一系列教学软件于1989年获优秀教学成果国家级优秀奖。陈志行于1986年获得"全国教育系统劳动模范"称号,并被授予人民教师奖章。

图8-2-31 中国电脑围棋先行者——陈志行教授

陈志行是中山大学的象棋高手,曾两次参加广州市教工象棋赛,第一次获第五名,第二次获第二名。陈志行是位"棋痴",经常和物理化学教研室的另一位棋迷一边走路一边下"盲棋"。陈志行在20世纪80年代就在电脑上研制了一个物理化学教学程序系统;后来与西北师范大学合作研制的软件,是国内最早推广使用的物理化学CAI软件。陈志行的围棋程序"手谈",在1993年的国际电脑围棋赛中击败了所有对手。1994年,陈志行获得全国教授围棋赛冠军。

1991年,陈志行退休后用电脑程序描绘围棋。从1993年起,陈志行获得了10次电脑围棋世界冠军:1993年11月获应氏杯冠军,1995—1997年连续三年包揽FOST杯、应氏杯冠军,2000年获心智奥林匹克电脑围棋赛冠军,2001年3月获SG杯国际电脑围棋赛冠

---

① 陈志行,https://www.cnblogs.comwiki3dphandtalk.html。

军，2002年10月获国际电脑围棋赛冠军。陈志行的这些业绩使我国在电脑围棋这个领域领先于世界，为中国人争了光。1998年12月，中国老科学技术工作者协会授予陈志行"全国十佳科技耆英"称号。

陈志行的力作《电脑围棋小洞天》于1997年在《围棋报》连载，2000年集成专著，是世界上第一本电脑围棋专著。

中国棋院前院长陈祖德在为《解放日报》著名围棋记者、作家胡廷楣的《境界——关于围棋文化的思考》一书所写的序言中说："在围棋迷中的高层次的专家学者不在少数。在古代，有班固、杜甫这样的大文学家，有王安石、寇准这样的政治家，有沈括这样的科学家；在今天，就我所知，就有文学家严文井、科学院院士吴文俊等，在研究计算机围棋上作出很大贡献的陈志行原是一个研究自然科学的教授。我希望能有更多的各方面的专家来投入围棋的文化研究，在围棋研究上下出更多的'妙手'。"

第九章　发扬光大，不断前进
（2000—2020 年）

中山大学发扬了学校的体育传统，重视体育教学，加强课外体育活动，多次被教育部、国家体育总局评为全国高校体育教学、群众体育、业余训练的先进单位。

中山大学形成了公共体育课—体育公共事业管理本科—体育研究生的培养层次。2002 年，中山大学体育部的硕士点（体育教育训练学）申报成功，标志着体育部的学科建设、人才培养层次上了一个新的台阶；同年，建立了与美国春田学院的国际交流项目，承担了国家社会科学基金项目 6 项，教育部、国家体育总局社会科学项目 12 项，为体育学科发展积淀了坚实的基础。2004 年，体育课实行"三自主"教学模式，"大学体育"课程成为中山大学的精品课程；中山大学的体育课程形成了"选项+水上+中长跑+课外自主"的教学特色。2007 年，体育课被评为中山大学的精品课。2008 年，中山大学的体育课在教育部本科教学评估中获得"优秀"。2013 年，中山大学体育课获广东省第七届教育教学成果二等奖。

2005 年，中山大学时任党委书记、校务委员会主任、数学教授李延保接受人民网《华南新闻》记者的采访时，介绍了中山大学珠海校区的情况，其中就说到了体育课：①

　　珠海校区在教学上也有许多创新的实例。比如体育课，过去

---

① 《在融合中发展，在融合中创新》，载人民网《华南新闻》2005 年 4 月 1 日，第 3 版。

是一律的要求，短跑测 100 米，体能测引体向上。我就遇到这样的学生，他比较胖，做不好引体向上，但游泳很好，可那年测验项目不包括游泳，所以他的体育成绩单上就留下"不及格"。在新校区这种尴尬不存在了。因为现在已经试验引进国外大学常用的"体育俱乐部"式测评，校区设有球类俱乐部、体能训练俱乐部，学生可以选择不同的俱乐部，甚至选择教练。我们很明确，这样的设置着重培养学生对体育的兴趣，保证每一名学生至少学会一种强身健体的体育技能。

中山大学在 2000 年、2004 年、2008 年、2012 年、2017 年的全国大学生运动会上连续五次获得教育部颁发的"校长杯"，显示了学校的综合实力、竞技实力。中山大学培养了奥运冠军杨景辉、劳丽诗、何冲、罗玉通等著名运动员，在包括奥运会在内的各级国际大赛中取得了 50 多枚金牌。游泳队、跳水队、排球队、沙滩排球队、击剑队的队员作为国家队成员参加了世界大学生运动会、亚运会和奥运会，并取得了优异的成绩。

中山大学体育部现有教师 64 人，其中，教授 5 名，副教授 24 名，硕士研究生导师 10 名，拥有博士学位的教师 11 名，拥有硕士及以上学位的教师占教师总人数的 70%；同时，体育部聘请了 16 位国内外著名专家和学者担任客座教授，成立了中美体育产业与体育管理研究中心，建立了与美国春田学院的国际交流项目，近一半体育教师去美国春田学院访学。

《中山大学编年史（1924—2004）》介绍了 2000 年以来的中山大学体育概况：[①]

2000 年 11 月 11 日　庆祝孙中山创办中山大学七十六周年暨校庆田径运动会在英东体育中心田径场隆重举行。学校表彰了

---

① 易汉文主编：《中山大学编年史（1924—2004）》，中山大学出版社 2005 年版，第 167、181 页。

发扬光大，不断前进（2000—2020年）

在今年9月份举行的全国第六届大学生运动会上取得优异成绩的我校体育健儿，中山大学体育代表团在今年9月举行的全国第六届大学生运动会上取得优异的成绩，为广东省大学生体育代表团获得本届大运会团体总分第一、金牌数第一做出重要的贡献，并获得"贯彻《学校体育工作条例》优秀高等学校称号"（全国10所）和"校长杯"一座（全国20所学校，按本届运动会所在学校运动员参赛成绩评选，我校名列第四名）。广东省人民政府为我省大学生体育代表团颁发嘉奖令。杨晓光副校长宣读广东省人民政府的嘉奖令。校党委书记李延保教授给在全国大学生运动会上获得9枚金牌、5枚银牌、2枚铜牌的我校游泳队颁发奖金（广东代表团金牌总数共12枚）。徐远通副校长给参加全国大学生运动会并获得团体银牌和打进全国甲A队伍的我校男子排球队颁发奖金，杨晓光副校长给参加全国大学生运动会并获得2枚金牌、4枚银牌的我校田径队颁发奖金。我校是国家体育总局确定为全国青少年体育俱乐部试点单位之一，校党委书记李延保教授和徐远通副校长为俱乐部揭牌。

2001年11月22日 "中山杯"大学男子排球邀请赛上午在我校英东体育中心举行。这次邀请赛是新的中山大学成立后举办的第一次大型校际体育比赛，参赛的6所高校分别是：澳门大学代表队、高雄中山大学代表队、香港大学代表队、香港理工大学代表队、中原大学代表队和广州中山大学代表队。黄达人校长、李萍副校长、美国春田学院查尔斯·苏黎南先生，各参赛大学代表团领队或团长以及我校有关部门的领导同志应邀出席开幕式。李萍副校长代表东道主致欢迎辞。

第一节　体育课

进入21世纪后，中山大学的体育教学方式给了学生更多的选择，学生从入校起就自己选择运动项目，有棒垒球、乒乓球、网球、羽毛球、足球、排球、篮球、武术、游泳、体育舞蹈、龙舟、跆拳道等。李静波老师提供的图9-1-1至图9-1-14，展现了中山大学在21世纪初的体育教学情况。

图9-1-1　2008年，何江海老师在珠海校区进行棒垒球教学

图9-1-2　2009年，曹策礼教授在珠海校区给学生上乒乓球课

发扬光大,不断前进(2000—2020年)

图9-1-3 2009年,林静波老师在珠海校区上体育舞蹈课

图9-1-4 2009年,田春阳老师在珠海校区体育馆上武术课

图9-1-5 2010年,曾宪波老师在珠海校区上网球课

图9-1-6 2010年,周才老师在珠海校区体育馆上羽毛球课

图9-1-7 2010年,陈卓源老师在珠海校区体育馆上排球课

图9-1-8 2010年,李静波老师在广州校区东校园上足球课

发扬光大,不断前进(2000—2020年)

图9-1-9　2010年,独具特色的中山大学广州校区东校园龙舟课

图9-1-10　2010年,奥运冠军罗微老师在广州校区东校园上跆拳道课

图9-1-11　2015年,王国咏老师在广州校区北校园上篮球课

图9-1-12 2015年,李秀华老师在广州校区北校园上游泳课

图9-1-13 2018年,王磊老师在广州校区上击剑课

图9-1-14 2019年,奥运冠军张洁雯老师在广州校区东校园上羽毛球课

发扬光大,不断前进(2000—2020年)

第二节 课外体育活动

中山大学在21世纪初的课外体育活动,有校运会、长跑、马拉松、学生体质健康测试、球类比赛等。李静波老师提供的图9-2-1至图9-2-8,以及中山大学体育部保存的图9-2-9至图9-2-14,展现了中山大学在21世纪初的课外体育活动情况。

图9-2-1 2003年,中山大学校运会开幕式(广州校区南校园)表演

图9-2-2 2008年,中山大学珠海校区的攀岩活动

·223·

图9-2-3 2011年,中山大学的长跑活动(广州校区南校区)现场

中山大学的教工足球队实力非凡,且从国立中山大学时起就非常活跃。1983年3月18日的《中山大学校报》就报道了当年的广州地区高校教工足球赛,中山大学教工足球队经过51场比赛,获得了冠军。中山大学教工足球队的足球活动常年开展。

图9-2-4 2012年,中山大学教工足球队友谊赛留影

图9-2-5 2013年,中山大学校运会开幕式

发扬光大，不断前进（2000—2020年）

图9-2-6　2013年，中山大学校运会的教工组比赛

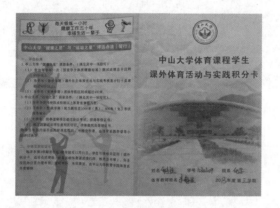

图9-2-7　2013年，中山大学的学生课外体育活动与实践积分卡

图9-2-8　2016年，中山大学进行学生体质健康测试

图9-2-9　2017年，中山大学的学生健美操比赛留影

图9-2-10　2017年，中山大学校区足球赛参赛者留影

图9-2-11　2017年，中山大学学生篮球赛参赛者留影

图9-2-12　2018年，中山大学"康乐杯"学生武术比赛参赛者留影

发扬光大，不断前进（2000—2020年） 第九章

图9-2-13　2018年，中山大学的乒乓球赛事，罗俊校长与参加决赛的选手合影

图9-2-14　2018年，中山大学马拉松跑

第三节　中山大学体育代表队

中山大学的高水平运动队有5支：排球队、田径队、游泳队、击剑队、足球队；普通运动队有20支左右：健美操队、篮球队、排球队、足球队、乒乓球队、羽毛球队、棒垒球队、跳绳队、武术队、跆拳道队、定向越野队、击剑队、健身气功队、推手队、醒狮队、游泳队、田径队、国标队、龙舟队、赛艇队等。李静波老师提供的图9-3-1和中山大学体育部保存的图9-3-2至图9-3-11，就体现了中山大学体育代表队的基本情况。

·227·

图9-3-1 中山大学足球队在2004年全国大学生五人足球联赛广州赛区上获奖

图9-3-2 2013年,中山大学赛艇队参加第四届世界大学生龙舟邀请赛(太原)

在2019年的全国大学生皮划艇比赛上,中山大学皮划艇队获得4金4银1铜以及团体总分第一名的好成绩。

在2016年全国学生定向锦标赛上,中山大学有8名队员参赛,斩获3金2银1铜。其中,翻译学院的黄安琪同学凭借突出表现于2016年入选中国大学生定向越野队。

发扬光大，不断前进（2000—2020年） 第九章

图9-3-3 中山大学定向越野队在2016年全国学生定向锦标赛开幕式上的合影

图9-3-4 2016年，全国大学生击剑冠军赛（总决赛）颁奖后的合影

2017年，中山大学政务学院的卢一峰同学参加了世界大学生夏季运动会击剑比赛；在2018年的第二十四届中国大学生击剑锦标赛上，中山大学获得4金1银7铜的好成绩。

图9-3-5 2016年,中山大学武术队在全国大学生武术锦标赛中获奖

图9-3-6 2017年,中山大学羽毛球队在第五届中国大学生羽毛球挑战赛中获奖

2018年,中山大学田径队获得第十八届全国大学生田径锦标赛男子100米、4×100米接力两个项目的冠军。图9-3-7是中山大学田径队队员和教练等人的合影,左三是禤达军。

发扬光大，不断前进（2000—2020年）

图9-3-7 2018年，中山大学田径队队员和教练等人的合影

2019年7月13日，在意大利那不勒斯举办的第30届世界夏季大学生运动会上，中国代表团拿到了一块田径银牌：中山大学田径队的禤达军与清华大学田径队的江杰华、江亨南、王煜组成的男子4×100米接力队创造了中国队在这个项目上的最快成绩，获得银牌。

图9-3-8 中山大学男子排球队获2018—2019 CUVA中国大学生排球联赛（男子阳光组）季军

图9-3-9　中山大学男子篮球队获2019年全国大学生篮球三级联赛CUBA全国总决赛亚军

图9-3-10　中山大学女子排球队获2019—2020中国大学生排球联赛女子组亚军

2019年，在第20届中国大学生阳光体育游泳比赛中，中山大学甲组游泳队夺得3金4银1铜，取得了男子团体总分第一的好成绩。图9-3-11是中山大学游泳队的合影。

图9-3-11　中山大学游泳队合影

发扬光大，不断前进（2000—2020年）

第四节　体育交流

中山大学体育部保存的图9-4-1和李静波老师提供的图9-4-2至图9-4-9，记录了21世纪初中山大学进行体育交流的点滴瞬间。

图9-4-1　2004年，美国春田学院的教师来中山大学交流时讲解高尔夫教学

图9-4-2　2004年，中山大学副校长郭斯淦（左二）、外事处黄瑶（中）和体育部李静波（左一）等教师访问美国春田学院

2004年，中山大学足球队参加了香港理工大学举办的足球邀请赛，图9-4-3中，前排左四为中山大学党委副书记陈伟林，左七为领队李静波，左八为教练张晓宇，前排其他人为东道主。

图9-4-3　2004年，参加香港理工大学举办的足球邀请赛的中山大学足球队及带队教师合影

图9-4-4　中山大学教师李静波（左）、曹策礼（中）、张保华（右）参加2004年雅典奥运会科学大会留影

发扬光大，不断前进（2000—2020年）

图9-4-5 2010年，台湾新竹清华大学来中山大学交流时举办的篮球友谊赛

图9-4-6 2010年，台湾辅仁大学来中山大学交流时的合影

图9-4-7 2012年，新加坡南洋理工大学来中山大学交流时的合影

· 235 ·

图9-4-8 2017年,中国跳水队领队周继红带队来中山大学参观时的合影

2018年,黄英杰校友家属从加拿大来中山大学寻访,中山大学领导和教师凌春贤(左一)、范振国(左五)、李静波(左六)、杨波(左七)陪同交流,并在英东体育中心合影留念。

图9-4-9 中山大学体育部教师与黄英杰校友家属合影留念

发扬光大，不断前进（2000—2020年）

第五节 公共事业管理专业（体育）教育

中山大学的公共事业管理专业（体育），是中山大学根据《国家教育委员会关于部分普通高等学校试行招收高水平运动员工作的通知》（〔87〕教学字008号），专门为体育特长生设置的专业。早期的教学活动在广州市二沙岛训练基地开展，由中山大学行政管理系主派教师上课。2009年，中山大学要求该专业学生回校，由教育学院体育系（部）负责主办，2014年又交回行政管理系主办。李静波老师提供的图9–5–1至图9–5–4和中山大学体育部保存的图9–5–5至图9–5–7，就是关于公共事业管理专业培养的高水平运动员。

图9–5–1 2010年，公共事业管理专业的毕业答辩，二排左三为奥运冠军劳丽诗

图9-5-2 2011年,中山大学公共事业管理专业本科毕业生合影

图9-5-3 2012年,获得中山大学校区学生篮球赛冠军的教育学院队合影

图9-5-4 2013届中山大学教育学院毕业合影

发扬光大，不断前进（2000—2020年）

图9-5-5　2017年，中山大学公共事业管理专业毕业合影

图9-5-6　2018年，中山大学公共事业管理专业毕业合影

图9-5-7　2019年，中山大学公共事业管理专业毕业合影

第六节 体育部教师

李静波老师提供的图9-6-1至图9-6-4和中山大学体育部保存的图9-6-5,是进入21世纪以来中山大学体育部教师的活动图片。

2002年,为迎接北京奥运会、庆祝80周年校庆,中山大学举办了冬季长跑暨追思黄英杰校友参加奥运会67周年活动,黄英杰家属、广州市老体育工作者协会、岭南大学校友会、中山大学校领导,以及教育学院、体育部等部门有关人士参加纪念活动并合影留念。

图9-6-1 中山大学冬季长跑起跑仪式暨追思黄英杰参加奥运会67周年活动留影

图9-6-2 2005年,体育部教师在广东新会合影

发扬光大，不断前进（2000—2020年）

图9-6-3是2008年，中山大学体育部教师与美国春田学院交流学者的合影。图中，前排蹲者从左至右分别是吕秋状、武东海、周才、吴员生、李小兵、龙国强、杨利春、张晓宇、仇亚宾、曾宪波、赵云雷、杨茜、尚瑞花、曾李萍、凌丽萍、文帆、谢培鑫、毛衡、黄志荣、叶凤玲、王子恒，后排站立者从左至右分别是何文胜、谈丰田、叶建强、李静波、杨波、石宏、陈礼标、王守力、梁恒、蔡永茂、张晓红、王朝晖、李朝阳、卞新生、郑建民、陈祥慧、陈亚金、康寅、明应安、刘思华、郭忠明、范振国、肖红霞、林静波、李毅。

图9-6-3 2008年，中山大学体育部教师与美国春田学院交流学者合影

图9-6-4是2010年，中山大学体育部教师在遵义的合影。图中，前排蹲者从左至右分别是黄志荣、刘思华、李秀华、田青、曾李萍、高润芳、杨茜、毛衡、陆志勇、周伟强、张红星、李静波，后排站立者从左至右分别是张保华、李小兵、小项、谈丰田、江淑筠、曾宪波、刘贻彬、侯信正、王子恒、叶健强、仇亚宾、韦国祥、张晓宇、陈亚金、梁兆航、张晓红、赵云雷、郭忠明、陈卓源、林静波、范振国、伍月娉、杨波、明应安、黄志荣、叶凤玲、梁恒、张新萍、何文胜、龙国强、李蓬、武东海、王守力、陈礼标、余家威、宋一心、陈祥慧、石宏、康涛。

图9-6-5是2019年的中山大学体育部教师合影。图中，前排从左至右分别是黄志荣、李蓬、王朝晖、李静波、范宏伟、武东海、

· 241 ·

图9-6-4 2010年,中山大学体育部教师在遵义合影

邱瑞玲、范振国、凌春贤、张新萍、仇亚宾、张保华、李小兵、田青、曾宪波、王峰、杨力群、宋一心,第二排从左至右分别是肖红、杨茜、李朝阳、邵婷、张淼、刘婉玲、文静、罗微、屈萍、李秀华、宋华香、商瑞花、曾李萍、王翠林、叶圣钰、胡锐、黄瑞金、彭伟群、高润芳、林丽萍,第三排从左至右分别是刘一阳、周才、张晓宇、康寅、辜标荣、李俊、何江海、龙国强、陈亚金、邱天贵、陈礼标、田春阳、郭忠明、王国咏、欧阳健飞,第四排从左至右分别是杨利春、谈丰田、孙国栋、刘靖东、明应安、李寅、蔡永茂、赵云雷、宋文亮、王守力、刘思华、王磊、肖红鹰、梁恒、陈祥慧。

图9-6-5 2019年,中山大学体育部教师合影

附 录

体育人物,杰出代表

教 师 篇

一、郭颂棠

郭颂棠,1900年出生,广州番禺人,1915年参加了第三届远东运动会的田径比赛。郭颂棠曾任南武学校、培正学校的体育主任。1925年至1930年7月,郭颂棠担任国立中山大学专任体育讲师兼体育部主任;1930年8月至1939年7月,任国立中山大学体育部主任兼体育指导员;1939年8月起,任国立中山大学体育部主任;1941年起,被聘为国立中山大学体育教授,兼任训导处体育卫生组主任。[①]

1936年,郭颂棠加入中国体育代表团,赴德国参加柏林奥运会,然后跟随中国体育代表团赴欧洲各国考察体育。

1937年,郭颂棠为便利体育训练起见,安排体育部职员到各校区上课,特指定赵善性指导员主理理学院体育,韦泽生指导员主理农学院体育,黎连楹指导员主理法学院体育,赵辉指导员主理工学院体育,马元巨指导员主理医学院体育,黄纪良助教主理文学院体育。

1939年,郭颂棠出任广东体育协会委员。1941年,中山大学将体育部与卫生组合并为一个机构——体育卫生组,放在训导处之下,

---

① 参见广东省档案馆资料,档案号:020-003-84-073。

这是抗日战争时期的特殊举措,由时任体育部主任的郭颂棠兼任训导处体育卫生组主任。

郭颂堂是国立中山大学的第一任体育部主任,任职长达 20 年,经历了国立中山大学的"黄金十年",是国立中山大学体育快速发展的参与者、领导者。国立中山大学的体育普及度高,体育教学成绩显著,运动项目发展多样,体育杰出人才辈出,成为广东省的体育强队。国立中山大学因其学生运动员在全国运动会、远东运动会、柏林奥运会上均有突出表现而载入近代中国体育史册,为国家和民族的体育发展作出了突出的贡献。

二、赵善性[1]

赵善性(附图1),1902 年出生于广东新会。他从小喜爱排球、篮球等运动,在广州的培正中学读高中时便崭露锋芒,擅长排球拦网、托球和快攻。

附图1 赵善性

1921—1925 年,赵善性连续三次被选为中国排球队的主力队员,参加第五、六、七届远东运动会的排球比赛,获得了第五届远东运动会的排球冠军。

1925 年至 1926 年 3 月,赵善性任广州市基督教青年会体育干事。

1927 年,赵善性任广东省篮球队教练,率队参加第八届远东运动会选拔赛,该队梁质君和孙权两名队员被选为中国代表队成员。

1930 年,赵善性出任中国排球队教练,率队参加第九届远东运动会,获冠军,为中华民族争得了荣誉。

1925 年 11 月至 1971 年 9 月,赵善性先后在国立广东大学、广稚

---

[1] 唐汉滔主编:《岭南体坛人物志》,广东人民出版社 1993 年版,第 233~234 页。

中学、中山大学、华南工学院任教，担任教师、体育主任、副教授兼训导处体育卫生组体育指导、代理体育系主任、教授兼教研室主任等职。

赵善性从事高等院校体育教育工作期间，工作认真负责，除组织好正课外，还想方设法地开展学生的课外体育活动。到中山大学任教后，赵善性在校内组织排球队并亲自训练，使中山大学的排球队成为当时广州的一支劲旅。

赵善性培养的运动员中，有不少代表广东省、广州市和中国参加全国运动会、远东运动会和奥运会。例如，陶佐达、龙荣轼、雷惠明等游泳运动员，黎连楹、李仲生、朱祖成、李福申、马元巨等排球运动员，卢惠娴、萧慧灵、郭琪玮等女运动员，以及参加柏林奥运会的黄英杰、黄纪良。

1949年后，赵善性与中山大学的其他教师一起，按照教育部的教学计划组织教学和课外体育活动，并因地制宜地尽量增设学生活动场地。这对提高学生体质起到了积极的作用，为国家培养德智体全面发展的合格人才作出贡献。

赵善性一贯热心社会体育工作。1927—1938年，赵善性担任的社会职务有：广州体育协进会委员兼排球、篮球单项协会主席，全国体育协进会广东分会委员兼排球、篮球单项协会主席，香港南华体育会顾问，广州南华体育会委员兼常务理事及游泳场顾问。1942—1950年，赵善性出任广东体育协进会委员、国民体育委员会委员，还多次担任广东、广州的大型运动会的组织领导和裁判长。1957年起，赵善性出任广州市政协委员和常务委员、广州市体委委员、广州市排球和水上协会主席和常务等。他对组织竞赛有较丰富的经验，是我国第一批国家级排球、游泳裁判员。

三、郭刁萍[①]

郭刁萍（附图2），广东南海人。1922年就读于上海华东体育专科学校。毕业后，任天津南开中学体育教师，协助南开中学篮球队教练董守义培育出了当时闻名全国的"篮球五虎将"，使南开中学篮球队荣获两届全国冠军。

1928年，郭刁萍在广西省运会任总裁判时，为南中国排演出第一个千人操。

1930年，郭刁萍任私立岭南大学附属中学体育主任兼私立岭南大学讲师时，

附图2　郭刁萍[②]

推动私立岭南大学的体育发展，使其成为全国知名的体育强校，连获广东省运动会各项体育运动的团体冠军，培育出了全国举重冠军何友彰、柏林奥运会跳远和三级跳远选手司徒光、拳击能手李小洛和体育健将徐亨等体坛良材。

从20世纪30年代开始，在广东省教育厅体育督学许民辉的支持下，郭刁萍与李棣华办起了广东民众体育实验区，推动群众性体育运动。抗日战争胜利后，郭刁萍任私立岭南大学体育部主任。1952—1981年，郭刁萍历任中山大学副教授、教授、体育教研室主任、体育部主任。

新中国成立后，郭刁萍是我国首批田径国家级裁判，曾被选为广州市第一、二、三届人大代表，中国民主同盟广东省委员会委员，兼任过中华全国体育总会广东省分会副主任、广州市田径协会副主任、广州市网球协会主席、广州地区高等院校体育协会副主任、广东省体育科学学会副理事长等职。

郭刁萍继承和发扬了私立岭南大学和中山大学的体育传统、教育

---

① 唐汉滔主编：《岭南体坛人物志》，广东人民出版社1993年版，第212页。
② 图片由周岳水老师提供。

理念，他提出的学校体育要以教学为中心、以群众为基础、以场地设施为载体、以运动队训练为窗口的思想，数十年来一直影响着中山大学的体育教学工作。

郭刁萍建立了一整套教学管理体系，对体育教学管理起到了积极的推动作用。

（1）每周备课。郭刁萍要求教师每周集体备课一次，交流教学经验。

（2）教案上板，又称"黑板领导"。任课教师在上课前一周将教案挂在黑板上，经教学组长审批后才能上课，也供大家交流。主任也可督查。

（3）教材修订。郭刁萍每年暑假都带领全体教师集中编写及修订教材，使中山大学的体育课教材常改常新，成为广东高校体育课教材的蓝本。

（4）导师制。郭刁萍为每位新来的青年老师搭配一位老教师担任指导老师，指导其教学业务和学风修养，引导青年教师进入教学领域，遵守教学规范，提高教学能力。

（5）每年写作论文。郭刁萍规定每位教师每年要结合教学与训练工作写 1～2 篇科学论文，每年结合校庆田径运动会召开一次体育科学报告会，为中山大学体育部建立起了良好的科研传统。

（6）统考体育理论。郭刁萍重视体育理论的教学，一、二年级学生主要学习中山大学的体育思想、锻炼方法、卫生保健。一、二年级学生统考理论，是中山大学的体育教学传统。

（7）师徒制。郭刁萍从每届学生中挑选几名学生，像徒弟一样培养。他经常请学生到家里吃饭，还经常资助家庭经济困难的学生。

郭刁萍一生献身体育教育事业，为中山大学乃至华南体育教育事业作出了历史性的贡献。他被选入《广州市志（体育卫生志）》（广州出版社 1997 年版）的人物专栏，这是对他一生贡献的充分肯定。

四、梁兆航

梁兆航教授（附图3）毕业于武汉体育学院，1984年接替郭刁萍担任中山大学体育部主任。梁兆航教授曾担任广东省高校体育协会副主席、中国大学生体育协会排球协会副主席、教育部全国高校体育指导委员会委员、中华全国体育总会第五届委员，1993年起享受国务院颁发的政府特殊津贴，

附图3　梁兆航①

他还是中山大学教师职称聘任评审委员会委员、广东省高校体育教师职称聘任委员会委员。

在梁兆航教授的带领下，中山大学体育部快速发展，影响由省市走向全国，并发展到国际交流。20世纪80年代末，梁兆航教授积极筹办中山大学英东体育中心、中国大学生体育训练基地的建设，他代表中山大学与美国春田学院达成了一系列交流协议。梁兆航教授参与主编了《余暇体育》《广东省体育基本理论教材》《广东省普通高校体育课教学大纲》，主持了广东省重点课题"游泳流体力学研究""运动员及大学生肢体血流图研究"，参加了第十一届亚运会体育科学大会、中国体育科学大会。

梁兆航教授继承和发扬了郭刁萍教授的教育理念，认为高校体育还应该"以科学研究和学科建设为先导"，强化育人观念。他强调高校体育不是竞技体育，而是通过身体活动的教育达到育人的目的；同时，高校体育专业存在区别于其他专业的教育方法和教学规律，应该客观评估高校体育工作。

1984—1988年，梁兆航教授担任中山大学体育部主任。在体育

---

① 照片由李静波老师提供。

教学方面,他首创了大学体育课一年级上身体素质课、二年级上选项课的教学制度,以及体育教学"四年不断线"的工作体系,推动了体育课内外一体化,形成了中山大学的体育教学特色。在课外体育活动方面,他实行了"双线"管理制度,即院系行政管理和体育部管理。中山大学是第六届全国运动会群众体育重点参观交流学校。当时,中山大学的排球、游泳、田径、足球、篮球等项目的成绩在广东省高校名列前茅,在全国大学生的比赛中也获得了优异的成绩。

五、周岳水

周岳水教授(附图4),1935年出生于广东潮州,1964年毕业于北京体育大学,曾任中山大学体育部主任、广东高校体育协会副主席、国家教委直属综合大学体育协会副理事长、中国高等教育学会体育研究会理事、中国大学生田径协会对外联络委员会主任等职。

1964年6月16日,周岳水在十三陵水库陪同毛泽东主席游泳,在毛主席上岛休息后第二次下水时,他搀扶着毛主席的右臂下石阶和斜坡下水游泳。

附图4　周岳水①

周岳水教授长期致力于体育教学,因"加强教学管理,坚持教书育人"而获得中山大学优秀教学成果奖。在教学方面,他大力推动体育教学"四年不断线"体系,在担任中山大学体育部主任期间,大力推进"国家体育锻炼标准"。

周岳水教授坚持教书育人,深受学生的尊敬和爱戴。例如,中山大学地质系1991级班委、系团总支、系学生会专门送给他的镜画,上书"师情难忘";他教过中文系、历史系、哲学系、地理系等系体育课,这些系的校友回校庆祝毕业10年、20年、30年等周年纪念活

---

① 照片由李静波老师提供。

动时，都特地邀请他参加活动，难忘师生之情。大学生毕业后，多年不忘一门体育公共课的老师，体现了周岳水教授教书育人的效果，也体现了体育教育的价值。

周岳水教授积极推动群众体育工作，他坚持推动中山大学的冬春两季越野跑、马拉松跑、马拉松接力跑等群众性长跑活动，形成了中山大学的群众体育特色，具有广泛的影响力，还多次在全国"国家体育锻炼标准"会议上介绍经验。

在高校体育竞赛方面，周岳水教授积极推动中山大学试办高水平运动队的工作，使中山大学的足球、排球、游泳、田径、网球、篮球、击剑等项目在广东省、全国的高校比赛中获得了良好的成绩。

在科研方面，周岳水教授发表了《我国游泳为何上不去》《高校体育与现代人才培养》等30多篇论文，并在《中山大学报》发表宣传报道性文章100多篇。他为中山大学成为"全国普通高校体育课程评估优秀学校""全国群体先进校""全国高校课余体育训练先进校""广东省体育先进校""长跑之校"，以及"国家体育锻炼标准"和"学生锻炼达标率"广东省高校第一等作出了贡献。

退休后，周岳水教授仍然身体力行，每天坚持游泳，多年担任中山大学离退休协会理事、中山大学老年文体协会秘书长。

学 生 篇

一、黄纪良

黄纪良（附图5），籍贯广东惠阳，1910年出生于香港，曾在香港圣保罗中学学习。1932年，黄纪良作为特别旁听生，在国立中山大学文学院英文系学习一年。

1932年，经国立中山大学批准，黄纪良、朱国伦加入香港南华足球队。② 1932年11月，黄纪良代表国立中山大学足球队与英国摩轩军舰足球队比赛③；此外，黄纪良还作为国立中山大学篮球队的一员，与私立岭南大学等单位比赛篮球。

1933年的广东省第六次水上运动会，黄纪良代表国立中山大学参赛。同年，黄纪良与朱国伦代表广东省参加了第五届全国运动会的足球比赛，获得亚军。

1934年的广州市运动会，黄纪良代表国立中山大学参加了多项比赛，获得了足球、田径4×100米接力（钟连基、黄纪良、凌杰民、黄英杰）、4×400米接力（赵辉、黄纪良、陈福添、詹殆基）的冠军。④

附图5　黄纪良①

1934年4月8日，第十届远东运动会国足选拔赛展开第一场较量，比赛在香港南华体育会运动场展开，由广州队对阵香港队进行华南预选，然后组成华南队与华东队比赛，最后选定国足名单。经选拔，黄纪良作为中国足球队的守门员，参加了在菲律宾举行的第十届远东运动会，获得足球冠军。

1935年，黄纪良代表广东省参加第六届全国运动会的足球比赛，获得第三名。

1936年，黄纪良入选中国足球队，参加柏林奥运会。中国足球队名单如下：

领队：容启兆（上海光华大学副校长）

教练：颜成坤（香港华人体育协进会委员长、香港中国公共汽车公司经理）

---

① 图片来源于中山大学档案馆，档案号：020-002-0248-049001。
② 《本校黄朱两生参加南华足球队》，载《国立中山大学日报》1932年7月14日，第1版。
③ 《足球　本校对英国摩轩军舰》，载《国立中山大学日报》1932年11月30日，第4版。
④ 《本校参加市运会成绩总检阅》，载《国立中山大学日报》1934年4月16日，第1版。

管理：黄家骏（后任香港足球总会主席）

守门员：包家平、黄纪良

后卫：李天生、麦绍汉、蔡文礼、谭江柏

中场：梁树棠、梁荣照、徐亚辉、黄美顺、陈镇和、李国威

前锋：曹桂成、贾幼良、杨水益、冯景祥、张显源、李惠堂（队长）、郑季良、孙锦顺、卓石金、叶北华

1937年，黄纪良出任国立中山大学体育部助教。

1938年，黄纪良任职于香港友邦保险公司。

二、黄英杰[①]

黄英杰（附图6），1912年出生于广东台山，16岁考入台山师范学校，后进入国立中山大学农学院。黄英杰从小喜爱体育，身体素质发展全面，在国立中山大学就读期间，学习认真，训练刻苦，运动成绩优异。

1932年，黄英杰在台山县第五届运动会上展现天赋，夺得田径五项全能的冠军。1933年，在第十二届广东省运动会上，黄英杰获得男子甲组跳远第二名。1934年，在第十三届广东省运动会上，黄英杰以2895分的成绩打破了省纪录，

附图6　黄英杰[②]

获得男子甲组五项全能的第一名；在同年举办的第十届远东运动会上，他作为中国排球队的一员参加排球比赛，中国排球队获得亚军。1935年，黄英杰参加在上海举行的第六届全国运动会，获得男子110米栏和五项全能的亚军。

---

① 参见李静波、苏斌《从黄英杰到刘翔：奥运会的68年跨越》，载《田径》2005年第4期，第55页。

② 《中华劲旅点将录：参加世界运动会之我国选手　黄英杰（高栏）》，载《良友》1936年第117期，第12页。

1936年，第十一届奥运会在德国柏林举办。1935年，中华全国体育协进会选拔参赛队员；8月，在位于青岛的山东大学设立田径、篮球夏令训练营，其中，田径选拔委员会由教练马约翰、容启兆、周家骐组成；1936年4月，又在清华大学举行了优秀田径运动员训练班。经过层层选拔，黄英杰成为仅有16人的田径代表队成员之一。中国的奥运会代表团，王正廷（国际奥委会委员）任总领队，沈嗣良任总干事，马约翰任总教练，参赛项目有田径、篮球、足球、游泳、举重、拳击、竞走、自行车、武术表演，参赛运动员共69人。中国奥运会代表团于1936年6月26日从上海乘船出发，7月20日到达意大利威尼斯，再乘火车，于7月23日到达柏林。

据史料记载，当中国奥运会代表团到达柏林时，并未受到柏林奥运会组委会的欢迎，却吸引了柏林市民、记者蜂拥围观。人们交头接耳，争相观看中国男运动员的头发、女运动员的脚。原来，他们以为中国还保留着男人留长辫子、女人缠足的风俗，结果人们大失所望，却也认识了中国人的面貌。比赛中，除田径撑竿跳运动员符保卢以3.80米的成绩进入复赛外，其他各项选手在预赛中就被淘汰。黄英杰在跨栏预赛时的成绩是16″9，比他在国内的最好成绩15″7差了很多。虽然黄英杰与队友在奥运会预赛中都落选了，但本着重在参与的奥林匹克精神，中国派队参赛，是融入世界体育大家庭的开端。

1939年，黄英杰从国立中山大学农学院毕业后，一度留校任教，三十而立的他成为国立中山大学法学院的一名体育指导员。1945年广州光复后，黄英杰当上了广东省畜牧兽医防治所的公务员。20世纪50年代，黄英杰举家移居香港，曾在香港南华体育协会担任教练；70年代移民加拿大，1999年在温哥华病逝，享年87岁。

三、梁田

梁田（附图7）是广东广州人，1945年考入国立中山大学师范学院体育系。她每天清晨从广州石牌沿铁路跑到沙河，再沿瘦狗岭的公路跑回学校。1947年、1948年，梁田连续两次获得广州环市跑女子组冠军，还获得了1947年第十五届广东省运动会女子排球、女子跳高的第四名。在校期间，梁田是体育学会的理事、女同学会的理事，她还加入了中师剧团，经常参加校内外的演出，又到学校附近的农民夜校进行教学活动。

梁田就读于国立中山大学时的名字叫梁钿，参加革命后改为梁田。1949年5月，她离开国立中山大学，经香港、澳门，乘渔船偷渡到五桂山游击区。中华人民共和国成立后，她担任中山独立团文工队的队长，参加土地改革。

附图7　梁田①

1951年，捷克斯洛伐克人民军邀请我国军队参加建军节运动会，梁田被选入中国人民解放军代表团。在出发前的欢送宴会上，朱德总司令、周恩来总理等领导同志到会欢送。中国人民解放军代表团除了到访捷克斯洛伐克，还顺访波兰，参观奥斯维辛集中营遗址；还到苏联参加了十月革命34周年庆典，在莫斯科红场观礼。

1952年8月，梁田参加了第一届全军运动会，毛泽东主席出席了运动会开幕式，朱德总司令致开幕词。当时，梁田是空军代表队的护旗手，站在队伍的最前面，而空军代表队在各代表队的正中间，正对着毛主席所在的位置，两者间只有10来米的距离，这使她感到终生难忘。第一届全军运动会后，梁田被调到解放军体工队，在此期间，她创造了女子800米、1500米的全国纪录。后来，梁田担任国家田径队教练，她的一名运动员叫毛德镇，后来成为第26届奥运会女子5000米冠军得主王军霞的教练。因此，梁田成了奥运会冠军教练的教练。

梁田曾任中国体育科学学会会员、中国田径协会技术委员会委员、广东田径协会副秘书长、广东体育科学学会理事、广州市长跑协会副会长、广州老游击战士联谊会会员。1985年，梁田获国家体委颁发的体育工作贡献奖。

---

① http://www.wccdaily.com.cnshtmlhxdsb20190723111415.shtml。

四、苏永舜

苏永舜（附图8）1934年出生于广东省番禺县（今广州市番禺区），1951年就读于广州圣心中学，学习优秀，热爱体育，每天放学后与同学一起踢球，显示了足球天赋。

1951年，苏永舜作为广州足球队的球员，参加了首次跨省区足球赛——中南区足球赛，获得冠军。1952年，苏永舜中学毕业后考入中山大学生物系。1953年，苏永舜进入广州青年足球队，参加全国青年联赛，后入选国家足球队。1957年，苏永舜与部分球员一起转投天津队。1959年，苏永舜退役后回到广东，任广东足球队教练。

附图8　苏永舜①

1973年，苏永舜被借调回广州，任广东足球队主教练。1975年，苏永舜率队参加中华人民共和国第三届运动会，广东队与辽宁队并列冠军，这也是南粤足球的第一个全国冠军。1979年，苏永舜率队夺得全国联赛冠军。

1980年，苏永舜出任国家队主教练。1980年初，苏永舜率广东队战平来访的联邦德国甲级联赛冠军汉堡队；9月，率国家队参加亚洲杯足球赛。在1982年世界杯亚太区预选赛的最后一场比赛前，中国队领先新西兰队3分和5个净胜球，列小组第二，出线在望。但沙特队以0∶5负于新西兰队，导致中国队不得不和新西兰队进行附加赛，最终，中国队以1∶2败北，未能打入世界杯决赛圈。20世纪80年代，苏永舜移居加拿大。

1996年初，苏永舜担任辽宁足球俱乐部主教练，此后因身体健康状况不佳，辞去主教练一职。1997年，担任广东标达足球学校校

---

① 小康聊球：《他带领南粤足球走向巅峰，执教国足激情悲壮，苏永舜的足球人生》，http://news.sohu.com/a/526504184_121059848，2022-03-22。

长兼总教练。

2019年，苏永舜荣获广东足球70年终身成就奖。

苏永舜带领广东足球队在20世纪70年代两度在国内登顶，被称为"南派"风格走向成熟的关键缔造者。苏永舜认为，"南派"风格并非一成不变，而是讲求丰富和融合，也绝对不能把本质的东西抛弃掉。他说："一个球队的风格，与一个教练员的战术思路是相吻合的，但关键还是要靠有能力的球员实现。不管这个球员来自南方还是北方，只要他技术过硬，那么他适应'南派'风格就不会有任何问题。"

苏永舜带领的那届国家队，被赞誉为"最具观赏价值"的一届国家队。

五、孙淑伟

孙淑伟（附图9），1976年出生于广东揭阳，跳水运动员，世界冠军，中国首位男子跳水奥运会冠军，中国首个男子跳水"三冠王"。1991年被《世界游泳》杂志评为男子最佳运动员，是该奖项最年轻的获得者。1993年被评为中国十佳运动员，1996年进入中山大学中文系学习。

附图9　孙淑伟①

1984年，孙淑伟进入广东省业余体校学习跳水，1985年转入广东省跳水队。

1988年，在全国跳水邀请赛中，年仅12岁的孙淑伟战胜诸强，夺得跳台跳水冠军。

1989年，孙淑伟被选入国家集训队，在全国跳水锦标赛上夺得

---

① https://baike.baidu.com/item/%E5%AD%99%E6%B7%91%E4%BC%9F/2503717?fr=kg_general。

跳台冠军及第二届青少年运动会乙组跳台冠军。

1990年，年仅14岁的孙淑伟首次参加国际比赛，在有12个国家的选手参加的加拿大国际跳水邀请赛上沉着自信，出色地完成了向后翻腾三周半的高难度动作，获得两个10分，最后战胜强手夺冠。1990年6月，在北京举行的中国国际跳水赛上，孙淑伟以0.87分的微弱差距落后于熊倪，获得跳台比赛亚军。在1990年北京第十一届亚运会跳台比赛中，孙淑伟与队友争夺冠亚军，以690.93分的高分获胜，并为中国获得男子团体冠军立了功。

1991年，孙淑伟在珀斯第六届世界游泳锦标赛跳台比赛中夺得桂冠；在美国阿拉莫国际跳水赛中获跳台冠军；在第七届世界杯跳水赛中获跳台冠军，也是世界男子跳水团体冠军和混合团体冠军成员之一；在中国国际跳水公开赛中获跳台冠军。

1992年，孙淑伟在巴塞罗那奥运会上夺得跳台金牌，这是中国男子跳水首金，成为我国第一位在世界大赛上获"三连冠"的男子跳台跳水选手。

退役后，孙淑伟被国家队领队周继红召回国家队执教，给从各省选来集训的新人当教练。2005年后，孙淑伟调回广东队担任教练，继续培养广东跳水人才。

六、许银川

许银川（附图10），1975年出生于广东惠来，中国象棋国际特级大师，中山大学中文系1996级学生，现为广东省象棋队运动员。

许银川4岁开始学下棋，启蒙老师是他多次取得惠来县象棋冠军的父亲。习棋不久，就于1985年获得汕头市少年冠军。接着，许银川受到汕头市体校象棋教练章汉强的辅导。

附图10 许银川[1]

---

[1] https://baike.baidu.com/item/%E8%AE%B8%E9%93%B6%E5%B7%9D?fromModule=lemma_search-box。

1986年，在第七届广东省运动会象棋比赛中，许银川一鸣惊人，夺得广东省少年冠军。随后，许银川跻身广东省象棋队。进入广东省象棋队后，许银川生活的全部内容便是象棋，每天训练近6小时，棋艺水平不断提高。

1988年，许银川获得全国少年赛冠军，成为广东省象棋队的主力队员之一，随队获得1988年、1989年、1991年、1993年、1999年、2000年、2001年、2002年全国象棋赛团体冠军，以及2004年"将军杯"、2006年"启新高尔夫杯"全国象棋甲级联赛冠军。

许银川于1989年起参加全国象棋比赛，1993年、1996年、1998年、2001年、2006年、2009年六次获得全国个人赛冠军，1995年、2000年、2011年三获全国亚军；在1990年、1991年、1992年、1994年的全国象棋赛上，分别获得第九名、第三名、第八名、第四名。

许银川还是中国象棋队的主力队员之一，为1992年中国队夺得第七届"亚洲杯"象棋赛男子团体冠军立下战功，也为1993年、1996年中国队夺得"亚洲杯"冠军作出了贡献。

此外，许银川的战绩还包括：1995年亚洲城市名手赛冠军，2003年首届象棋甲级联赛最高胜率奖，2009年"九城置业杯"中国象棋年终总决赛冠军，2011年"伊泰杯"全国象棋甲级联赛季军。

许银川于1992年获得"象棋国际大师"称号，1994年获得"国际特级大师"称号，2007年当选第六届"广东省十大杰出青年"，是继赵国荣、吕钦之后的第三位集世界冠军、亚洲冠军、全国冠军于一身的"全冠王"。

七、杨景辉

杨景辉（附图11），1983年出生于广东广州，跳水运动员，世界冠军，在2004年雅典奥运会上获得男子双人10米跳台冠军，同年入读中山大学行政管理系。

1992年，杨景辉在广州市越秀区跳水队接受训练，由王友光担任教练。1995年进入广东省体育运动学院，由李青、谭良德担任教练。经过3年的训练，1998年，杨景辉入选国家跳水集训队，教练是谭良德，2002年进入国家跳水队。

2001年，杨景辉获得第九届全国运动会男子团体冠军，2002年获得全国跳水锦标赛男子跳台个人第六名，2003年获得世界大学生运动会男子跳台双人冠军，2004年获得第十四届世界杯跳水赛男子10米跳台双人冠军、国际泳联跳水大奖赛加拿大站男子10米跳台冠军、雅典奥运会男子10米跳台双人冠军，2005年获得国际泳联跳水大奖赛美国站男子10米跳台双人冠军、国际泳联跳水大奖赛珠海站男子10米跳台双人冠军。

附图11　杨景辉[①]

2004年，因病退役的杨景辉成为中山大学行政管理系的学生，曾被选为系学生会副主席。但他与同班同学都不太熟悉，这是因为他上课的地点还是在广东省游泳队，当时中山大学特地为体育生们派出专门的老师定期上课。因为是奥运冠军，所以杨景辉出席了许多公益活动。此外，杨景辉还是广州市的青年志愿者代表、广州2010年亚运会的形象代表、北京奥运会火炬手之一。

杨景辉于中山大学行政管理系毕业后，继续攻读硕士学位，毕业后在广东体育职业技术学院任团委副书记。

八、劳丽诗

劳丽诗（附图12），1987年出生于广东湛江，跳水运动员。2004年，劳丽诗获得奥运会女子10米跳台双人冠军，同年进入中山大学行政管理系学习。2006年，劳丽诗获得世界杯10米跳台亚军。2014年，劳丽诗入选国际游泳名人堂。

劳丽诗5岁时第一次接触游泳。那时，她的哥哥劳永毅在湛江市

[①] https://baike.baidu.com/item/%E6%9D%A8%E6%99%AF%E8%BE%89/2247179?fromModule=lemma-qiyi_sense-lemma。

赤坎区业余体校学跳水，她每天跟着妈妈送哥哥去体校训练，并在儿童池玩耍。业余体校的钟权生教练很快就注意到了劳丽诗，认为她胆大、协调性好，是跳水的好苗子。

附图12　劳丽诗①

1994年，在钟权生教练的动员下，读学前班的劳丽诗正式加入赤坎区业余体校学跳水。1997年，在为湛江市运会选人的市少儿跳水锦标赛中，劳丽诗获得跳台比赛第一名。1998年3月，劳丽诗进入广东省跳水队。2002年1月，劳丽诗入选国家队。

2001年，劳丽诗获得第九届全国运动会女子10米跳台双人冠军、单人第三名。2002年，劳丽诗获得国际泳联跳水大奖赛西班牙站女子10米跳台单人冠军、加拿大站女子10米跳台单人冠军、美国站女子10米跳台双人冠军，全国跳水锦标赛女子10米跳台亚军，世界杯跳水赛女子10米跳台单人、双人冠军，釜山亚运会女子10米跳台单人冠军。2003年，劳丽诗获得国际泳联跳水大奖赛澳大利亚站女子10米跳台单人和双人冠军、中国站女子10米跳台单人和双人冠军，世锦赛女子10米跳台双人冠军、单人亚军。2004年，劳丽诗获得第十四届世界杯女子10米跳台双人冠军、雅典奥运会女子10米跳台双人冠军。2006年，劳丽诗获得世界杯跳水10米跳台单人亚军。2009年，劳丽诗获得全国青年跳水冠军赛女子10米跳台单人冠军。

2010年，劳丽诗从中山大学毕业，短暂尝试了体校老师和跳水队的工作后，就到共青团广东省委青年志愿者行动指导中心，担任负责公益和慈善工作的主任科员。2014年初，她辞去公务员的职务，于同年6月成为一名淘宝店店主。

劳丽诗热心于公益活动。2010年11月，劳丽诗成为广州亚运会

---

① https://baike.baidu.com/item/%E5%8A%B3%E4%B8%BD%E8%AF97/2061053?fr=aladdin。

火炬手之一;2013年3月30日,劳丽诗参加了由国健爱心公益主办的"心舞动·爱飞扬——关爱自闭症儿童慈善义卖筹款日"义卖活动;2015年6月16日,劳丽诗亮相广州塔,助阵以"广州,晚安"为主题的公益灯光设计大赛启动仪式,并触摸亮灯启动球。

九、罗玉通

罗玉通(附图13),1985年出生于广东惠州,跳水运动员,世界冠军,奥运冠军;2004年进入中山大学政治与行政学系学习。

罗玉通于1993年被选入惠州市体校跳水队,师从谭良德、李青。1996年,罗玉通被输送到广东省跳水队,开始崭露头角。2000年,罗玉通在全国跳水比赛中首次夺冠,同年8月入选国家队。

罗玉通在运动生涯中的获奖情况如下:

附图13　罗玉通①

2001年,国际泳联跳水大奖赛墨西哥站男子10米跳台双人冠军。

2002年,国际泳联跳水世界杯男子10米跳台双人冠军、德国国际跳水赛男子10米跳台冠军。

2003年,国际泳联跳水大奖赛莫斯科站男子10米跳台冠军。

2004年,国际跳水巡回赛广州站分组淘汰赛冠军、上海站男子10米跳台双人冠军,国际泳联世界杯跳水大奖赛希腊站男子10米跳台双人冠军、希腊站男子10米跳台冠军。

2005年,第四届东亚运动会男子单人3米跳板冠军。

2007年,第十二届国际泳联世界游泳锦标赛跳水男子1米跳板冠军。

2009年,第五届东亚运动会男子双人3米跳板冠军。

2010年,第十七届国际泳联跳水世界杯男子双人3米跳板冠军。

---

① https://baike. baidu. com/item/% E7% BD% 97% E7% 8E% 89% E9% 80% 9A? fromModule = lemma_ search – box。

2011年,国际泳联世界跳水系列赛莫斯科站男子双人3米跳板冠军,第十四届国际泳联世锦赛男子双人3米跳板冠军。

2012年,国际泳联世界跳水系列赛墨西哥站男子双人3米跳板冠军、迪拜站男子双人3米跳板冠军,第十八届国际泳联跳水世界杯男子双人3米跳板冠军,伦敦奥运会男子双人3米跳板冠军。

2013年,在第十二届全运会跳水男子团体赛中,罗玉通帮助广东队以总成绩3079.52分夺冠,实现了广东队全运会跳水男团的"七连冠",他个人还获得该届全运会男子双人3米跳板冠军。

中山大学田径运动会纪录

（截至 2020 年 10 月 31 日）

男 子 纪 录

项　　目	成　　绩	创造者	单　　位	时　间
100 米	电计，10″29	褟达军	政务学院	2019
200 米	电计，21″19	褟达军	政务学院	2019
400 米	电计，47″43	姚慕涵	政务学院	2019
800 米	电计，1′57″38	张金星	人文学院	2003
1500 米	电计，4′13″36	张金星	人文学院	2002
5000 米	电计，16′59″31	毛睿	信科学院	2003
10000 米	手计，33′32″5	刘源	化学学院	1986
110 米栏	电计，14″54	侯博文	教育学院	2013
400 米栏	电计，52″65	谢子龙	管理学院	2006
4×100 米接力	电计，41″11	—		2019
4×400 米接力	电计，3′13″39	—		2019
跳高	2.18 米	朱家鑫	体育部	2019
跳远	7.98 米	高兴龙	政务学院	2016
三级跳远	16.04 米	傅传永	资讯管理学院	2006

(续上表)

项　　目	成　　绩	创造者	单　　位	时　　间
撑竿跳高	3.40 米	郑泽民	历史系	1980
铅球	14.35 米	郁继先	教育学院	2014
铁饼	42.96 米	李晓宇	政务学院	2017
标枪	63.08 米	于小盾	政务学院	2016
十项全能 七项全能	3760 分	宋伟	生物系	1987

注：电计——电子表计时；手计——手计表计时。

女 子 纪 录

项　　目	成　　绩	创造者	单　　位	时　　间
100 米	电计，12″09	何丹丹	体育部	2017
200 米	电计，25″30	何丹丹	体育部	2017
400 米	电计，59″05	王旻璐	岭南学院	2003
800 米	电计，2′20″72	代翠翠	政务学院	2017
1500 米	电计，4′58″30	陈美君	体育部	2015
3000 米	手计，10′40″3	杨金花	政行系	1999
5000 米	手计，19′36″6	凌银梅	哲学系	1995
10000 米	手计，49′14″9	黄小茉	化学系	1984
100 米栏	电计，15″03	张泽华	政务学院	2006
400 米栏	电计，1′04″38	张玉梅	地学院	2003
4×100 米接力	电计，49″20	校队		2003
4×400 米接力	电计，3′57″68	校队		2003
跳高	1.89 米	邱柏霞	信息管理系	1997

(续上表)

项　　目	成　　绩	创造者	单　位	时　间
跳远	6.23 米	谢平珍	法律系	1995
三级跳远	12.36 米	谢平珍	法律系	1994
撑竿跳高	4.00 米	何文雅	教育学院	2006
		黄宇	政务学院	2006
铅球	11.95 米	陈莉萍	法律系	1999
铁饼	37.32 米	邓少萍	信息管理系	1995
标枪	42.64 米	赵海顺	岭南学院	1999
十项全能 七项全能	4813 分	李清	法律系	1993

注：电计——电子表计时；手计——手计表计时。

《广州市志（体育卫生志）》"大事记"之国立中山大学相关部分（1841—1949年）

广州市体育运动委员会

1909年（宣统元年） 在康乐村岭南学堂操场，举办第一次全国运动会选拔赛，南武公学、广东高等师范学校、培英学堂、岭南学堂等学校的学生参加选拔。

1915年（民国4年） 第二届远东运动会在中国上海举行。4月24日，广州体育会长李明德主持在岭南学校举办的选拔赛，选出广东高等师范学校王有松等3人、培英学堂关崇志等4人、南武公学丘纪祥等3人、岭南学校郭琳爽等6人，赴沪参赛。在这次远东运动会上，中国以96分的成绩夺取团体冠军，并获足球、排球两项锦标。

1918年（民国7年） 广东高等师范学校于春季开设图、工、音、体专修班，于秋季开设体育专科班，培养各级学校专科师资。

1925年（民国14年） 3月，第九届省运会在文明路国立广东大学（今鲁迅纪念馆）运动场举行，项目除田径、球类、游泳外，还有精武会操、国旗操、千人操、国术、体操、游戏、舞蹈、童子军会操等表演。在这次省运会上，选出黄炳坤、梁无恙为参加第七届远东运动会田径比赛的代表。

5月，第七届远东运动会在菲律宾马尼拉举行，中国足球队获六连冠。广州的梁无恙、黄炳坤参加田径比赛，刘权达、赵善性、黄仁让、李仲生、黎连楹、罗南科、李景谦等参加排球比赛；卢惠卿、邓志豪、余碧霞、李翠秋、张杏兰等参加女子排球表演赛，男、女排教练分别为许民辉、丘纪祥。

1927年（民国16年） 8月，第八届远东运动会在中国上海举行，广州的梁无恙、黄炳坤、司徒光、钟连基等参加田径比赛；黎连楹、李仲生、黄昆仑、梁质君、罗南科、孙权、陈煌年、李景谦、陈银培、黄培昌等参加排球比赛，并获得冠军，教练由赵善性、刘权达担任；卢惠卿、张杏兰、余屺怀、梁志光等参加女子排球比赛。

1928年（民国17年） 3月，广州市举办男子排球公开赛，私立岭南大学获冠军，国立中山大学获亚军。

4月，马来亚足球队与广州足球联队进行友谊赛，在文明路国立中山大学运动场举行。马来亚足球队以4：0获胜。

11月，第十一届省运会在文明路国立中山大学运动场举行。李济深任会长，戴季陶任副会长。香港南华体育会选派足球、田径、游泳等项目的运动员参会。

11月，国立中山大学扩展体育工作，创办《中大体育季刊》以宣传体育运动；筹建健身房、游泳棚；开办暑期体育训练班，培养田径、篮球、排球、网球、游泳骨干，广泛开展群众体育运动。

1929年（民国18年） 1月，国立中山大学篮球队、排球队、足球队和广州市民体育会网球队，应广西省主席黄绍放之邀，由海军司令陈策率领，乘"仲恺"号新轮赴梧州参加表演赛。

1930年（民国19年） 4月，第四届全国运动会在浙江杭州举行，以广州市为代表的广东省体育代表团有运动员87人参赛，获总锦标第二。其中，女子团体获锦标第一，私立岭南大学梁景平、司徒光分获200米栏和三级跳远第一名，陈佩桃获掷垒球第一名，广东队和哈尔滨队获4×50米接力赛并列第一名。杨元华、龙荣轼分获男子100码仰泳和220码俯泳第一名。

1931年（民国20年） 3月，华南四大学——私立岭南大学、国立中山大学、厦门大学、香港大学在香港大学举行第一届联合运动会，项目有田径、篮球、排球、足球。

11月，广州市强华队、岭南大学队、中山大学队、空军队、海军队、警察队六支足球劲旅，为援助黑龙江省抗击日本侵略军举行筹款义赛，赛事轰动五羊体坛。

1932年（民国21年） 2月，十九路军在淞沪英勇抗击日本侵

《广州市志（体育卫生志）》"大事记"之国立中山大学相关部分（1841—1949年）

略军，广州市各团体纷纷捐款慰劳前线将士。由广州市国民体育会发起篮球义赛，门票收入全部汇寄上海十九路军，广州市所有篮球劲旅均参赛，盛况空前。

1933年（民国22年） 华南四大学田径运动会在私立岭南大学举办，参加的学校有厦门大学、香港大学、国立中山大学、私立岭南大学，私立岭南大学获冠军。

2月，广州市第四届环市跑有200多人参加，国立中山大学赵辉获冠军，第一集团军总部乐队陈榕根获第二，女子组冯景忻获冠军，市十六小学谭秀容获第二。

10月，第五届全国运动会在南京召开，广东省以广州市运动员163人为代表参赛。男子获得棒球、游泳两个锦标，女子获得垒球锦标。在这次全运会上，男子4×100米接力赛以44″4的成绩、国立中山大学张洁琼女子50米跑以6″9的成绩、国立中山大学李媛芬跳远以4.79米的成绩、颜秀容垒球掷远以45.35米的成绩，创造了四项全国纪录并夺冠。

1934年（民国23年） 2月，广州市第五次环市跑，国立中山大学赵辉蝉联冠军，国民革命军第八师黄志中获第二，女子组由广东体育运动专科学校高小蝶、李学华分获冠亚军。

4月，广州市举行第六次市辖学校运动会，但为了开展群众性体育运动，吸引广大市民参加竞赛，故改称广州市第一届运动大会。参加人数达2800多人，分公开组和市校组，国立中山大学黄英杰、广东体育运动专科学校蓝倩琼分获公开组男、女个人冠军，广州市第一中学伍书光、广东勤勤师范学校关羡霞分获市校组男、女个人冠军，广东体育运动专科学校蓝倩琼垒球掷远以47.30米破全国纪录。

5月，第十届远东运动会在菲律宾马尼拉举行，广州的许民辉、丘纪祥、唐福祥、郭雅雄等人担任教练工作。广东籍运动员有：田径赵秉衡、司徒光，棒球余伯惠、伍舜德、李灼壁、毛连贵、程观怡、高汉恩、黄兆熊、邓彪，男排黎连楹、李福申、谭永湛、丘广燮、伍永鑫、黎福俊、徐亨，女排卢惠娴、刘玉崧、马杏燕、颜秀容、孙纤，足球黄纪良、李天生、谭江柏、叶北华、冯景祥，游泳陈焕琼、刘桂珍。陈焕琼在200米蛙泳项目中，以3′58″4的成绩获得第一名。

国立中山大学附属中学首次倡办女子足球班际赛，《勤奋月报》以《破天荒之女子足球比赛》为题加以报导。

1935年（民国24年） 5月，第十三届省运会在广州市东较场举行，名誉会长为陈济棠，会长为林云陔。省运会的前四天为县联赛，国立中山大学张洁琼在女子100米跑项目中，以13″2的成绩打破全国纪录，女甲4×50米接力赛中，中山大学队以28″3的成绩刷新全国纪录。

10月，第六届全国运动会在上海举行，广东省由广州市选拔优秀运动员152人参赛，其中男运动员91人、女运动员61人。广东省获得游泳男、女冠军，女子游泳队取得4×50米接力赛冠军，并以2′39″2的成绩打破全国纪录和远东运动会纪录。

1936年（民国25年） 8月，第十一届夏季奥林匹克运动会在德国柏林举行，广州市优秀运动员黄英杰、司徒光参加田径项目，黄纪良、李天生、叶北华、谭江柏、冯景祥、徐亚辉、陈镇和、杨水益、卓石金、黄美顺参加足球项目。随同中华体育代表团前往欧洲考察体育的有：广东体育运动专科学校校长许民辉，国立中山大学体育主任郭颂棠，原在广州工作的刘权达，第一集团军总部体育教官谭鑫斌。

1937年（民国26年） 3月，广州市举办"汉谋杯"篮球赛，参赛的男子组有46队、女子组有14队。比赛结果：广州市第一中学、广雅中学获高中男子冠亚军，广东省女子中学、培道女子中学获高中女子组冠亚军，国立中山大学附属中学、新亚中学获初中男子冠亚军，洁芳女子中学、广东女子师范学校获初中女子冠亚军。

12月11日，由国民体育会主办的广州市环市跑，男子参赛者46人，曾宪伟获冠军，女子组仅有国立中山大学梁田1人参赛。

1949年 4月20日，国立中山大学成立体育学会。